U0067809

【暢銷新編版】

慢情緒心理學

拒絕生氣、
調整心態、
放慢情緒、
找回接受的勇氣！

楊秉慧——編著

前言 做情緒的主人，邁向人生價值高峰

有個小男孩脾氣很壞，他總是無法控制自己的情緒，常常無緣無故地發脾氣。他的父親見他總是如此暴躁，於是給了他一個任務——每次發脾氣的時候，就把一顆釘子釘在院子的柵欄上。

在剛開始的幾天裡，小男孩在柵欄上釘了許多釘子。當他自己發現柵欄上竟然有如此多的釘子時，才猛然意識到原來自己是一個如此不受控的人，於是他決心控制自己的情緒。

緊接著的幾個星期，他在柵欄上釘下的釘子逐漸少了起來——這就說明他已經慢慢地學會了控制自己的情緒。

小男孩將自己的轉變告訴了父親，他的父親又建議他說：「如果你能堅持一整天不發脾氣，就能從柵欄上拔下一顆釘子。」小男孩照做了。過了一段時間，小男孩終於把柵欄上所有的釘子都拔掉了。

父親拉著他的手來到柵欄邊，對小男孩說：「你做得很好。可是，你看一看那些釘子在柵欄上留下的小孔，當你發脾氣時說的話就像這些釘孔一樣，會在別人的心裡留下難以彌補疤痕。」

聽到父親的話，小男孩領悟出了一個道理——如果你因為無法控制自己的情緒而禍及他人，並給他人造成傷害的話，那麼無論你如何盡心彌補，傷害都是無法徹底被消滅的。

自此之後，小男孩就學會了控制自己的情緒，再也沒有亂發過脾氣。

在生活中，我們每個人都難免會遇到各種不愉快的事；無論是人際關係緊張，家庭成員之間產生矛盾，或者經常患得患失、自尋煩惱等等。

這時，你會出現心煩意亂、焦慮、抱怨、煩惱、沮喪等消極情緒嗎？你能控制住自己的這些情緒嗎？還是如同故事裡的小男孩一樣，常常因無法控制自己的情緒亂發脾氣，被別人控訴你是一個過於情緒化的人呢？

如果你是一個樂觀的人，你可能會把不愉快的事情很快忘掉；但如果你並不能正確調節自己的情緒的話，那就會完全被情緒所控制，成為情緒的奴隸，就會因此變得更加不愉快，甚至有可能做出一些錯誤的行為或決定，造成無法挽回的損失，最終追悔莫及。

可見，每個人極待解決的問題之一，就是如何去主動控制自己的情緒，避免被情緒所掌控，淪為情緒的奴隸。

情緒是我們內心世界的視窗，也許你會因為明媚的陽光而心情愉悅，也許會為自己的不足而莫名憂傷。你是想快樂地度過每一天？還是在痛苦的深淵中苦苦掙扎呢？這取決於自己對情緒的控制和調節能力；只有掌控自己的情緒，才能更好地掌控自己的人生。

更不用說，情緒掌控的能力，也決定了大多數人的成敗。據研究指出，一個人情緒控制能力的強弱，與人生成功與否，有著密切的關係。

舉凡成功卓越之士，都是善於控制自己情緒的人，而對情緒的控制能力也正是一個人情商的重要組成部分。為什麼有的人看起來腦袋聰明，但是生活卻不盡如人意；而有些人看起來智力平平，卻過得很幸福？

關鍵就在於，你的心態與情緒應變的能力。有時候，一些人的物質生活雖然不富有，但是看起來卻幸福滿足，生活充滿了歡笑和友誼；而那些相對富有的人卻經常抱怨生活的不公，不懂得珍惜已有的幸福，反而浪費很多時間與精力向他人抱怨自己的不順遂，這不禁讓人感嘆，可見金錢也未必買得到幸福快樂。

為什麼一樣是人，卻有如此鮮明的落差？個中原因很簡單：情商高低各有不同。高情商的人有一個重要特點，那就是善於控制自己的情緒。他們懂得如何克制自己的情緒衝動，懂得如何化解不良情緒，從而使自己始終保持良好的心境。

因此，要想提高情商與幸福指數，促進成功的可能性，最簡單直接的辦法就是從控制情緒入手，學會掌控自己的情緒，做自己情緒的主人。

現如今，越來越多的人開始關注情商，並重視起情商自我提升的方法。本書就是一本講述如何借助控制情緒提高情商，從自我認知、情緒管理、人際交往、家庭關係等面向，充分詮釋了情商中的各個組成要素，提醒我們應當如何通過日常行為來訓練提高情緒的控制力，鼓勵讀者更全面認識、理解自己，最終實現情商上的自我提升。

衷心希望每位讀者都能從此書中汲取到充足的養分，讓自己命運的主人，讓情商水準得到躍進，開創人生嶄新的價值高峰！

目次

第 2 章 了解自己，認識情緒

第4章 自我提升，轉化負面情緒

第5章 了解他人，完美溝通

第6章 改善關係，增進交際

第7章 促進情感，提升幸福

第1章

認識EQ，整理消極情緒

「情商」指的是一個人的情緒智力，是近年來心理學家們提出的與智力和智商相對應的概念，主要指的是人在情緒、情感、意志、耐受挫折等方面的品質。心理學家經過長期研究發現：一個人的成功百分之八十來自情商，百分之二十來自智商。情商水準的高低，對一個人能否取得成功至關重要；高情商是任何一個成功者所必須具備的基本素質。

不懂EQ？那你out了！

慢情緒關鍵字

EQ是人人都能養成的基本生存能力；是主宰情緒的智慧，

「如果你不懂EQ，從現在起，我們宣布——你落伍了！」美國《時代週刊》曾這樣描述。

一九九〇年，美國心理學家彼得・塞拉維（Peter Salovey）和約翰・梅耶（John Clayton Mayer）提出「EQ」的概念。緊接著，一九九五年十月美國《紐約時報》的專欄作家丹尼爾・高曼（Daniel Goleman）出版了《EQ》（Emotional Intelligence）一書，把情緒智商這一個研究成果介紹給大眾，該書也迅速成為暢銷書。

隨著人類對自身深入的審視和探索，EQ的高低已經成了人生成敗的關鍵。作為EQ知識的受益者，美國總統布希曾說：「能控制好你的情緒，就能掌控一切！」

那麼，EQ究竟是什麼？

EQ是「Emotional Quotient」的縮寫，直譯就是情緒智慧。但這樣的答案顯然過於簡略，想要更深入認識EQ，就必須了解EQ與智商（IQ）的關係，因為在某種程度上，EQ的概念是在智商的對立面建立起來的。

長期以來，人們習慣將智商視為人生成敗的決定因素，並將它作為衡量個人能力的主要指標。研究者設計出五花八門的智商測試方法，讓許多人接受各種測試。儘管研究規模如此龐大，但仍有不少人提出疑問：智商高的人真的就比普通人的能力更強嗎？

哈佛大學經過許多的實例和實驗結果證明：高智商者不一定取得成功。智力商數（Intelligence Quotient）的高低與一個人成就的必然關係再次受到質疑。

威廉・賓德，自一出世，他父親就採用各種手段開發其智力，威廉三歲時就能用本國語言自由閱讀和書寫，四歲時寫出了三篇五百字的文章，六歲時寫了一篇解剖學論文。小學入學的當天上午被編入一年級，中午母親去接他時，他已經是三年級的學生了。威廉・賓德八歲上中學，十一歲便進入哈佛大學。由此可以看出，賓德的腦子足夠聰明，智商不可謂不高。但他後來離家出走，最終在一家商店當店員，一生碌碌無為。

類似的例子不勝枚舉，為了尋找答案，人們開始關注決定人生成敗的其他要素。

智商曾一度統治過成功學的領域，人們在感慨誰智商高誰就能成功的同時，不禁有些迷茫，原因在於發生在我們身邊的高智商神話一一破滅。許多高等學府的學生因不堪各種壓力跳樓自殺，因一點小事而憤然砍死同儕……，太多天之驕子的言行讓人們震驚，也促使人們開始尋找問題背後的原因。

難道是這些學生不夠聰明？還是他們不能意識到問題的結局？答案不言可喻。我們都明白問題的根源不在於他們的智商，而是他們不懂得控制自己的情緒，於是憤然失控；他們不知道調整自己的心理狀態，於是在面對人生逆境之時選擇了錯誤的處理方式……

在這種情況下，EQ伴隨著心理學家的研究問世了。早期在心理學界不被重視的情緒、情感等非智力因素被認為是決定人是否成功的重要因素。

EQ是對傳統智力概念的革命性構建，它涵蓋穩定性、自制力、熱忱、毅力、自我驅策力等的能力，是對生命內在力量的嘗試性把握和描述，是決定個人成功、快樂與否的關鍵。

這些自我控制與面對人生挫折的心境，為我們揭開了EQ的神祕面紗。所有高智商人物的悲劇原本可以避免，或者他們本來可以取得卓越的成就，但因為EQ不高而終發生令人扼腕的結果。

EQ與我們生活息息相關，一個高EQ的人在工作上易成功，在生活中容易產生幸福感，在人際關係中更可以如魚得水，EQ就是這樣進入我們的視野，並且逐漸被人們所了解。

EQ並不「陌生」

慢情緒關鍵字

情商就是情緒管理的藝術。

情商研究專家告訴我們，情商是一種能力，是一種準確覺察、評價和表達情緒的能力；一種接近並產生感情，以促進思維的能力；一種調節情緒，以幫助情緒和智力發展的能力。

人的情緒體驗是無時無刻不在的，相信每個人都有莫名其妙被某種情緒侵襲的經驗。不是所有情緒都是對人的行為有利的，所以認識情緒，進而管理情緒，成為我們必須正視的課題。

《牛津英語詞典》上說：「情緒是心靈、感覺、情感的激動或騷動，泛指任何激動或興奮的心理狀態。」簡單來說，情緒是一個人對所接觸到的世界相應的行為反應，就是快樂、生氣、悲傷等心情，它不只會影響我們的想法和決定，還會激起一連串的生理反應。

大體上，我們可以將情緒粗分為愉快和不愉快兩種體驗：

愉快的情緒體驗包括喜悅、快樂、積極、興奮、驕傲、驚喜、滿足、熱忱、冷靜、好奇心和如釋重負等；不愉快的情緒體驗有失望、挫折、憂鬱、困惑、尷尬、羞恥、不悅、自卑、愧疚、仇恨、暴力、譏諷、排斥和輕視等。

此外，情緒還有另一種分類方法，它又可分為合理的情緒和不合理的情緒。

快樂、激動、悲傷、恐懼、憤怒、害怕、擔心、驚訝等感覺，共同構成了我們豐富多彩的情緒。人活著，就免不了有這些情緒。情緒左右了人類無數的決定和行為，無論是對我們的學習經驗，還是社會適應能力來說，情緒都扮演著非常重要的部分。

由此可見，情緒是因多種情感交錯而引起的一連串反應，與環境有密不可分的關係，它既不會憑空出現，也不會憑空消失。

控制情緒、管理情緒是一門人人都需要學習的人生課題。一個不懂得管理情緒的人，是不會成功的。太情緒化或情緒起伏不定者都會讓一個人喪失理智，從而做出不合適的判斷，甚至錯失良機。

美國一位來自伊利諾州的議員康農在初上任時就受到了另一位代表的嘲笑：「這位從伊利諾州來的先生的口袋裡恐怕還裝著燕麥呢！」這句諷刺他有著農夫氣息的話雖然使康農非常難堪，但卻並沒有讓他的情緒失控。

康農從容不迫地答道：「我不僅在口袋裡裝有燕麥，而且頭髮裡還藏著草屑。我是西部人，難免有些鄉村氣，可是我們的燕麥和草屑，卻能生長出最好的苗來。」

康農很好地控制了自己的情緒，並且就對方的話順水推舟，做出了絕妙的回答，不僅自身沒有受到損失，反而從此聞名於全國，被人們親切地稱為「伊利諾州最好的草屑議員」。

懂得控制情緒的人，處理人際關係的能力和社會適應力也較好，反過來說，不懂得控制自我情緒的人，常常會陷入大悲大喜的境況，易因大起大落的起伏情緒而變得一事無成。同時，情緒管理能力差的人相對地其人際關係容易緊張，社會適應力也較差。

任何人在生活上難免會遇到種種不如意，有的人容易因此大動肝火，把事情搞得越來越糟；有的人則能很好地控制自己的情緒，泰然自若面對各種刁難，從容解決各種棘手的問題，最終贏得他人的敬重。

EQ就是這樣一門管理情緒的藝術，如果你想要快樂幸福地生活，就要學會管理自己的情緒，提高你的情緒智商，將會令你受益一生。

不亂發飆的人更受歡迎

慢情緒關鍵字
懂得活用情商、管理情緒的人，往往極具魅力。

大多數人會認為人際關係是令他們頭痛的事，奇怪的是你越覺得它討厭，就越不容易搞定它。於是，我們會羨慕一些人緣好的人，想要知道他們人緣好的祕訣在哪裡？其實，差別就在於情緒釋放的管理。懂得情緒管理的人不僅會受到他人喜愛，更易得到別人的幫助。

美國學者戴爾·卡內基（Dale Carnegie）曾說過，成功就是百分之十五的專業知識加上百分之八十五的為人處世的技能。

富蘭克林總統年輕的時候，把所有的積蓄都投資在一家小印刷廠裡。他很想獲得為議會印檔的工作，可是出現了一個不利的情況：議會中有一個極有錢又能幹的議員，非常不喜歡富蘭克林，並還公開斥罵他。這種情形非常危險，因此，富蘭克林決心使對方喜歡自己。

富蘭克林聽說這個議員的圖書館裡有一本非常稀奇而特殊的書，於是他就寫了一封信給這位議員，請求他把那本書借給自己幾天，以便仔細閱讀。這位議員便叫人把那本書送來。過了大約一星期的時間，富蘭克林把書還給那位議員，並附上一封信，真誠地表達了自己的謝意。

之後，當他們在議會裡再次相遇時，那位議員居然主動和富蘭克林打招呼，並且極為有禮。自此以後，這位議員對富蘭克林的事非常樂於幫忙，他們變成了很好的朋友，一直到去世為止。

富蘭克林的故事向我們展示了一個高EQ者的魅力。俗語說：「交一個朋友比得罪一個人強。」因為一百個朋友不算多，而冤家一個人就很可怕了。

千萬不要以為自己能夠萬事不求人，事實上真正能夠做到萬事不求人的人是不存在的，有道是「誰家也沒掛著無事牌」，一旦等到有事之時，平時不燒香再臨時抱佛腳，恐怕「大佛」難免要置之不理了。因此平時就要做一個受人歡迎的人，才會有人在你遇到困難時伸出援手。

有一個情商故事是這樣說的：

一位老太太坐在小鎮郊外的馬路邊納涼。有個年輕人來到老人面前問道：「請問老人家，住在這個小鎮上的人怎麼樣？我正打算搬來住呢！」

老太太看了一下年輕人，反問道：「你要離開的那個地方的人怎麼樣？」

年輕人回答：「不好，都是些不三不四的人。我住在那裡沒有任何快樂可言，因此我打算到這兒來住。」

老太太嘆口氣，說：「小夥子，恐怕你要失望了。因為這個鎮上的人也和你原來那兒的差不多。」

年輕人走了，繼續去尋找他理想的居住地。過了一會兒，一位姑娘來到老太太面前詢問同樣的問題。老人也同樣反問她。

這位姑娘說：「哦！住在那裡的都是非常好的人。我在那裡度過了一段美好的時光。但我正在尋找一個更有利於我的工作發展的地方，我捨不得離開原來的鄰居，但是我不得不尋找更好的發展前途。」

老太太面露笑容，說：「姑娘，妳很幸運。居住在這裡的人都是跟妳原來住的地方一樣好的人，妳會喜歡他們，他們也會喜歡妳的。」

這個故事告訴我們：你想尋找敵人，你就會得到敵人；你想尋找朋友，你也就會得到朋友。不善於與人相處的人，到了哪裡，都會認為別人難以相處；善於與人相處的人，與任何人都會融洽相處。

能夠與人融洽相處的人是一個快樂的人、大度的人、與人為善的人。這種人即使不富有，也會很滿足，因為他們能從融洽的人際關係中獲得額外的報酬。

你的人生正如一輛全速行駛的列車，而你的EQ為它提供足夠的動力，決定它前行的方向。一個人事業上的成功，需要有正確的思想和理念的指引。真正具有建設性的精神力量，蘊藏在左右一生命運的EQ中。

情商高的人生活更有效率，更易獲得滿足，更能運用自己的智慧獲取豐碩的成果。反之，不能駕馭自己情感的人，內心激烈的衝突，削弱了他們本應集中於工作的實際能力和思考能力。

EQ，會給你帶來意想不到的奇蹟

慢情緒關鍵字
掌握情商，就能為自己的人生創造奇蹟。

被譽為「EQ之父」的哈佛大學心理學博士丹尼爾・高曼，花了兩年時間對全球近五百家企業、政府機構和非營利組織（nonprofit organization，NPO）的領導者進行分析，發現成功者除了具備極高的智商以外，他們的卓越成就更是與EQ有著密不可分的關係。

智商（Intelligence Quotient，簡寫成IQ），是一種表示人的智力高低的數量指標。智商等於智齡除以實際年齡乘以一百。如果一個兒童的智齡與實足年齡相等，則智商為一百，說明智商中等；一百二十以上為「聰明」；八十以下為「愚笨」。這是美國心理學家在上個世紀中葉提出來的，幾十年來這一概念使人們對於智商有了一個清晰的認識。

智商反映了一個人的觀察力、記憶力、思維力、想像力、創造力等，是人們運用分析、運算、邏輯等理論解決問題的能力。但高智商者不一定能夠取得成功，情緒智商在人生成就中具有著不可忽視的作用。

卓越的領導者在一系列的情感智慧，如影響力、團隊領導、政治意識、自信和成就動機等方面，均有較優越的表現。事實上，EQ是一個成功領導者非常重要的素質，而一個領導人的卓越之處，很大程度表現在他的EQ。

這就是為什麼人們不是推舉一些特別聰明的人來當領導者，而是推舉一些能關心別人，與人關係融洽的人來領導大家的原因。相較之下，能控制情緒的人更能為眾人辦事，也更能發揮群體的積極性。

EQ的高低，可以輔助一個人將其他能力發揮得更好，如果說智商被用來預測一個人的學業成績的話，那麼，EQ則能被用於預測一個人事業能否成功。因此，你要清楚意識到，優異的學業成績，並不意味你在生活和事業中能獲得成功。

達爾文曾在他的日記說：「教師、家長都認為我是平庸無奇的兒童，智力也比一般人低下。」但他卻成了偉大的科學家。

愛因斯坦在一九五五年的一封信寫道：「我的弱點是智力不高，特別苦於記單詞和課文。」但他成為世界級的物理學家。

諸多事實可以證明，EQ在人生的成功中占有決定性作用。在許多領域做出卓越成就的人當中，有些人在學校被認為智商並不太高，但他們充分發揮了他們的EQ優勢，最後獲得了成功。

人類在關於怎樣才能成功的問題上，從來不曾停止過探索的腳步。

熟悉電影的人一定都記得《阿甘正傳》，男主角湯姆・漢克更是憑藉它一舉奪得奧斯卡小金人。影片裡的男主角阿甘，由於脊椎彎曲的緣故，必須在雙腳裝上矯正支架。這使得走路變得困難，跑步更是幾乎不可能。然而不幸的事情不僅於此，他的母親到處為他找學校，卻無人願意收留他，原因在於他的智商被告知只有七十五分，達不到州政府設定的公立學校入學標準——智商八十分。

但後來阿甘的表現讓每位觀眾為之震撼。他憑藉自己的執著、善良、守諾、勇敢的個性，成為美國人民心中的英雄——在成長過程中，非智商方面的優勢無疑發揮了至關重要的作用。

故事也許是虛構的，卻向我們展示了這樣一個道理：智商的高低與人生的成就不是直接劃等號的。阿甘重情重義、執著樂觀的個性，是他成功的重要能量。

心理學家霍華・嘉納（Howard Earl Gardner）說：「一個人最後在社會上占據什麼位置，絕大部分取決於非智力因素。」許多研究顯示，EQ較高的人在人生各個領域都占盡優勢，無論是談戀愛、人際關係，還是在主宰個人命運等方面，其成功的機會都比較大。

資深學者丹尼爾・高曼宣稱：「婚姻、家庭關係，尤其是職業生涯，凡此種種人生大事的成功與否，均取決於EQ的高低。」一個人事業上的成功，需要有正確的思想和理念的指引。每時每刻的精神行為，會對命運產生決定性的影響。情商高的人生活更有效率，更易獲得滿足，更能運用自己的智慧獲取豐碩的成果。

也許有人會說：「沒有辦法，我天生情商低。」如果你有此想法的話，就大錯特錯了。在美國等已開發國家的教育體系裡，情商教育已經「登堂入室」，幾乎成為所有學校的必修課程。

雖然到現在，我們仍說不準多大比例的情商是與生俱來的，但可以確定的是，比起智商來說，情商更多是由後天培養的。

對於絕大多數人而言，智商相去不遠，然而後天的情緒管理教育可以改變我們的生命軌跡，引領你走向卓越，超越平庸。當你信任情緒的力量時，情緒就會帶給你意想不到的奇蹟。

EQ幫我們激發無限潛能

慢情緒關鍵字
態度決定你的高度，正面積極的情商能夠徹底激發潛能。

人在絕境之時，往往會發揮不尋常的能力。人沒有退路，就會產生一股爆發力，這種爆發力就是潛能。人的潛能是多方面的，包括體能、智慧、情緒反應等等。人的潛能是最寶貴的資源，是潛在的財富。

二十世紀初，美國著名心理學家詹姆士（William James）指出：一個普通人只運用了其能力的百分之十，還有百分之九十的潛能尚未被利用。

後來，心理學家瑪格麗特・米德（Margaret Mead）研究發現：每個人只用了其能力的百分之六，還有百分之九十四的潛能未被利用。

這些科學證據清晰表明一種趨勢：社會愈進步，科學愈發展，對人類潛能的研究愈深入，就愈發現人類潛能之巨大。此處所說的潛能主要是指心理能量和大腦的潛力。潛能也包括身體潛能，由於人類生產方式的進步，體能在人的能力構成中所占的比例越來越小，逐漸退居次要位置。

人類發展至今，我們的體能並沒有優於我們的遠祖，某些方面，如攀爬、對環境的適應能力上甚至不如我們的祖先，可見人類身體潛能可開發的餘地非常有限。人類之所以能從生物界脫穎而出，主要是因為發展了大腦和心理的潛能。現在和將來，我們在激烈的社會競爭中所憑仗的仍是心理與大腦的能力。

二十世紀初，英國一個小鎮，有個叫瑪格麗特的小姑娘，自小受嚴格的家庭教育。父親經常向她灌輸這樣的觀點：無論做什麼事情都要力爭一流，永遠走在別人前頭，不能落後於人——「即使是坐公共汽車，你也要永遠坐在前排」。父親不允許她說「我不能」或者「太難了」之類的話。對年幼的孩子來說，這位父親的要求可能太高了，但他的教育在以後被證明是非常寶貴的。正因為從小就受到父親的「殘酷」教育，培養了瑪格麗特積極向上的決心和信心，她時時牢記父親的教導，總是抱著勇往直前的精神和必勝的信念，盡自己最大努力克服困難，做好每一件事，事事必爭一流，以自己的行動實踐「永遠坐在前排」。

瑪格麗特上大學時，學校要求學五年的拉丁文課程。她憑著自己頑強的毅力，硬是在一年內全部學完。令人難以置信的是，她的成績竟然還名列前茅。

其實，瑪格麗特不光是學業上出類拔萃，她在體育、音樂、演講及學校的其他活動方面也都一直走在前列，是學生中的佼佼者。當年她的校長評價她說：「她無疑是我們建校以來最優秀的學生之一，她總是雄心勃勃，每件事情都做得很出色。」正因如此，四十多年以後，英國政壇出現了一顆耀眼的明星，她就是一九七九年成為英國第一位女首相，雄踞政壇多年，被世界政壇譽為「鐵娘子」的瑪格麗特・柴契爾夫人（Margaret Hilda Thatcher）。

「永遠都要坐前排」，是一種積極的人生態度，能夠激發你勇往直前的勇氣和爭一流的精神。在這個世界上，「想坐前排」的人不少，但真正能夠坐在「前排」的人卻不多。

許多人之所以不能坐到「前排」，是因為他們僅僅把「坐在前排」當成一種人生理想，而沒有採取具體行動。那些最終坐到「前排」的人之所以成功，是因為他們不但有理想，更重要的是他們把理想變成行動。

無論做什麼事情，你的態度決定你的高度。柴契爾夫人的父親對孩子的教育給了我們深刻的啟示。每個人身上都有巨大的寶藏有待我們發掘，潛能幫助我們把工作、學習做得更出色，只要你相信，一切皆有可能。

一般來說，一個人的才能來源於他的智商，智商是天生的，而EQ卻靠後天培養。實際上，大多數人的志氣和才能都深藏潛伏著，必須靠外界的事物予以激發。潛能一旦被激發，如果又能加以繼續關懷和教育，就能發揚光大，否則終將萎縮而不得發揚光大，那麼，其固有的才能就變得遲鈍並失去它的力量。處在絕望境地而毅然奮起，可以啟發我們成功的潛力，引爆我們的潛能。沒有這種奮鬥，也許我們將永遠不能發現真正的自我。

我們身上蘊藏著無窮無盡的潛能，任何成功者都不是天生的，只要你抱著積極的心態去開發自己的潛能，你就會有用不完的能量，你的能力就會越來越強。

EQ是可以改變的嗎？

慢情緒關鍵字

知識應當不斷地積累、充實、更新，EQ才能不斷地提高。

EQ是可以改變的嗎？當然，EQ有先天的因素，但更重要的是後天的開發和訓練。EQ研究專家告訴你——學習是提高EQ的主要途徑。

現代人的生活千變萬化，節奏加快，要求我們一刻也不能鬆懈學習。常聽見有人說：「那個人屬於大器晚成型。」意思是他現在的表現雖然並不怎麼樣，但日後終會成功。

從同樣的起點開始工作，有些人能立刻掌握要領而展開工作，雖然這種人很難得，但他們有時往往自恃能力強，便不要求上進，甚至退步變壞。相反地，那些起先摸不清情況而工作受挫的人，如果能夠多方請教，同時認真學習並繼續保持這種態度，大多會取得成功。這樣的對比說明，不斷學習是決定你能否成就事業的一個關鍵性因素。

人的成長是在許多人的幫助與指導下進行的，比如雙親、師長、朋友等，對這種幫助與指導，我們要主動去學習吸收。大多數人從學校畢業後就停止學習，反之，那些走出校門之後不間斷學習的人，終會成大器。

美國著名作家威廉・福克納（William Cuthbert Faulkner）說過：「不要竭盡全力去和你的同僚競爭。你更應該去在乎的是你要比現在的你更強。」李開復也說過：「山外有山，天外有天。在二十一世紀，競爭已經沒有疆界，你應該放開思想，站在一個更高的起點，給自己設定更具挑戰性的目標，才會有準確的努力方向和廣闊的前景，切不可做井底之蛙。」

學習是一個人對自己進行最重要的投資。一個好的文憑也許能幫助你找一份工作，但它只代表你過去的成績，並不代表你將來在工作中取得的成就。所以，工作其實是新學習的開始。也許在短時間內，你不能體會到學習的益處，但時間的威力是強大的，能在工作後學習並堅持下來的人，要比那些毫無目標的人過得充實，進步也快得多。

所謂「大器晚成」的人必是那種保持自覺學習態度的人，他們勤奮學習，一步一腳印，實力和經驗與日俱增，每天面臨新情況、新挑戰，總能保持學習與生活同在。面對越來越快的知識更新，如果不保持清醒的頭腦和冷靜的心態，就會陷入難以自拔的困境。

根據聯合國教科文組織（UNESCO）研究，知識半衰期（衰退的速度）從十八世紀的八十、九十年，演進到十九世紀、二十世紀初的三十年，二十一世紀的知識半衰期只剩三年。世界變化的速度，已經快到令人難以想像，另外，有研究報告指出，人類的醫學知識在一九五〇年代得花五十年，才能成長一倍；八十年代縮短為七年；二〇一〇年再縮短成三年半；預測二〇二〇年只要七十三天。

急速膨脹的知識把我們的生存空間都壓縮了，許多人因此感嘆：世界越來越小。這當然是相對的，這種「變小」的實質是人類知識的擴張。在這種情況下，終身學習的能力和態度成為更新知識必不可少的途徑。知識應當不斷積累、充實更新，EQ才能不斷提高。

這個世界就是由情緒組成的，不管是好情緒還是壞情緒

慢情緒關鍵字

消極的思想將產生消極的生活，積極的思想則創造積極的生活。

人際關係學大師戴爾・卡內基曾經告誡年輕人：「如果我們想的都是快樂的念頭，我們就能快樂；如果我們想的都是悲傷的事情，我們就會悲傷。」生活的快樂與否，完全決定於一個人對人、事、物的看法。

戴爾・卡內基曾參加一個廣播節目，被要求找出「你所學到的最重要的一課是什麼」。戴爾・卡內基認為自己最重要的一課是：EQ的重要性。只要知道你在想些什麼，就知道你是怎樣的一個人，因為每個人的特性，都是由EQ造就的。每個人的命運，完全

決定於他們的心理狀態。

每個人所必須面對的最大問題——事實上，可以算是我們需要應付的唯一問題——就是如何正確對待情緒。如果我們能做到這一點，就可以解決所有的問題。

有句話說：「學會忘記是生活的技術，學會微笑是生活的藝術。」如果我們想的都是快樂的事情，我們就能快樂；如果我們想的都是悲傷的事情，我們就會悲傷；如果我們想一些可怕的事情，我們就會害怕；如果我們想的是不好的事情，我們恐怕就會擔心了；如果我們想的淨是失敗，我們就很難成功；如果我們沉浸在自憐，大家都會有意躲開我們……我們會發現，當我們改變對事物和其他人的看法時，事物和其他的人對我們來說就會發生改變。人不能吸引他們所要的，卻可能吸引他們所有的。一個人所能得到的，正是他自己思想的直接結果。有了奮發向上的思想之後，一個人才能努力奮鬥，才能有所成就。如果我們的思想消極，我們就永遠只能衰弱且愁苦。

CNN的老闆特德・特納（Ted Turner），年輕時是一個典型的花花公子，他的父親也拿他沒辦法。他曾兩次被布朗大學（Brown University）除名。後來，特納的父親因企業債務問題而自殺，他因此受到了很大的刺激。他想到父親含辛茹苦地為家庭奮鬥，他卻胡作非為，不僅不能幫助父親，反而為父親添了無數麻煩。特納決定改變自己的行為，要把父親留給自己的公司打理好。從此他變了一個人，成了一個工作狂，不斷尋找機會壯大父親留下的企業，最終將CNN從一個小企業變成了世界級的大公司。

禪宗講求頓悟，認為人的得道在於頓悟，在於一剎那的開悟。其實人生也是這樣，EQ的體現有時就在一瞬間。當我們頓悟後，我們就能洞察生命的本性，將蘊藏在內心中的潛能充分地發揮出來。

有一隻老貓，整天憂心忡忡，愁眉不展，認為自己是全世界最不幸福的老貓。偶然的機會，它看見一隻小貓咪在原地打轉，試圖去咬自己的尾巴。老貓對眼前的景象覺得奇怪——自己轉圈咬自己的尾巴，還樂不可支——於是，老貓問小貓：「你怎麼這麼快樂呢？」小貓咪回答說：「我的尾巴上有快樂。」老貓回到家，也像小貓那樣，自己轉圈咬自己的尾巴，咬呀，咬呀，居然也覺得很快樂……老貓明白了：原來，快樂就在自己的尾巴上。

這個故事說明什麼？快樂要自己找。快樂來自我們生活的各個層面，如果這些你都沒有，你就很難真正的快樂。

情緒對於能否獲得快樂，對於我們的生活品質而言有著不可忽視的作用，這就要求我們時刻關注自己的情緒波動。察覺情緒的最好辦法是密切注意自己的心率，當心跳每分鐘快至一百次左右，就必須要調整心理了。深呼吸是最常見的方式，此外，自言自語「我正在冷靜」、洗個熱水澡都是不錯的辦法。當然，美國心理學家唐納・艾登的方法更值得推薦：想著不愉快的事，將指尖放在眉毛上方的額頭上，拇指按壓太陽穴，深吸氣。只需要幾分鐘，血液就能重回大腦皮層，你便會控制衝動了。

EQ研究專家告訴我們，每個人的命運完全取決於他們的EQ開發，因為消極的思想將產生消極的生活，積極的思想則創造積極的生活。

我們應用EQ來教育下一代

慢情緒關鍵字

正向積極的情緒管理，能為下一代開啟未來。

丹尼爾・高曼說：「成功是一個自我實現的過程，如果你控制了情緒，便控制了人生；認識了自我，就成功了一半。」這句話影響一代又一代人，如果你做好情緒管理，那麼你就可以讓心中時時充滿綠意。

隨著人類對自身能力認識的深入，越來越多的人認識到在激烈的現代競爭中，情緒控管能力的高低已經成了人生成敗的關鍵。作為情緒控管知識的受益者，美國總統布希說：「你能調整情緒，就能調整一切！」

高曼在他的書中明確指出，EQ不同於智商，它不是天生註定的，而是由下列五種可以學習的能力組成的：

- **了解自己情緒的能力**：能立刻察覺自己的情緒，了解情緒產生的原因。
- **控制自己情緒的能力**：能夠安撫自己，擺脫強烈的焦慮、憂鬱以及控制刺激情緒的根源。
- **激勵自己的能力**：能夠整頓情緒，讓自己朝著一定的目標努力，增強注意力與創造力。
- **了解別人情緒的能力**：理解別人的感覺，察覺別人的真正需要，具有同情心。
- **維繫融洽人際關係的能力**：能夠理解並適應別人的情緒。

心理學家認為，這些情緒特徵是生活的動力，可以讓智商發揮更大的效應，是影響個人健康、情感、人生成功及人際關係的重要因素。

丹尼爾・高曼宣稱：「婚姻、家庭關係，尤其是職業生涯，凡此種種人生大事的成功與否，均取決於EQ的高低。」一份調查報告披露，在貝爾實驗室，頂尖人物並非是那些智商超群的名牌大學畢業生。相反地，一些智商平平但EQ甚高的研究員往往憑藉其豐碩的研究成績而赫赫有名。其中的奧妙在於，情緒控管能力高的人更能適應激烈的社會競爭局面。

敏銳了解他人情緒、善於控制自己情緒的人，比社交能力差且性格孤僻的高智商者，更可能找到自己想要的工作，也更可能取得成功。EQ為人們開闢了一條事業成功的新途徑，它使人們擺脫了過去只講智商所造成的無可奈何的宿命論態度。

美國前總統比爾・柯林頓（William Jefferson Clinton）小時候智商很高，從小學開始就一直是品學兼優的好學生，但是他並沒有注意培養自己的EQ。

然而寄到家裡的學期成績單卻出乎他的預料。柯林頓各項成績都是A，可是卻有一項成績不是A，是D，哪一科呢？行為。為什麼行為是D？老師是這樣解釋的：每次老師提問，比爾都會搶著回答，他智商高嘛，但是這樣搶著回答，沒給其他同學機會。給他打D這個分，就是提醒他今後要注意改進。

「給別人機會」，這已經超出了智商的範疇，只有EQ高的人才懂得。柯林頓吸取了教訓，當總統後，他提出了一個建議給一個人最高的獎賞是給一把鑰匙，一把開啟未來成功大門的鑰匙。這把鑰匙是什麼呢？獎學金。柯林頓學會了給別人一個機會。

多年以來，人們一直以為高智商可以決定高成就，其實，人一生的成就至多只有百分之二十歸功於IQ，另外百分之八十則受情緒控管因素的影響。所謂百分之二十與百分之八十並不是一個絕對的比例，它只是表明，情緒控管的能力在人生成就起著不可忽視的作用。儘管智商的作用不可或缺，但過去人們把它的作用估量得太大了。

高EQ者都深知一個道理，那就是EQ在引領他們走向卓越，超越平庸。智商對於絕大多數的人來說是差不多的，而後天的情緒教育與EQ培養可以改變我們的生命軌跡。當你信任EQ的力量時，EQ就會帶給你意想不到的奇蹟。

父母都希望自己的孩子擁有健康的身心，那麼父母就應該和孩子一起學習情緒的控管，在此過程中父母們應注意這些方面：

1.良好的適應能力

許多父母都有這樣的體會，有的孩子小時候不怕生，而有的孩子一見到陌生人就往媽媽身後躲，一到陌生的環境就哭鬧不止，吃不好睡不香，其實這都是適應力不強的表現。社會不斷變化，我們能改變的唯有自己。因此父母應從小培養孩子的適應能力，適應能力增強了，好情緒自然不請自來。

2.樂觀豁達，熱愛生活

面對一學習就頭疼的孩子，父母應該讓他懂得，學習不是一種負擔，而是一種樂趣，孩子只有努力把自己的才智在學習中發揮出來，對未來充滿希望，遇到逆境或煩惱時，才能自行解脫。同時父母可在生活中尋找一些變化，讓孩子吃一些以前沒吃過的美食等，你會發現這些小小的改變能夠轉移孩子的注意力，讓孩子接觸到更多的東西。嘗試著做一些改變，哪怕只有一點點，也能帶給孩子全新的感受。

3.與人能友好相處，樂於與人交往

父母可以每隔一段時間就把孩子的朋友邀請到家裡玩，讓孩子能與多數人建立良好的人際關係。只有這樣，孩子才會更加獨立自主，且能分辨真偽、善惡，做到有所為和有所不為。

4.能正確地面對現實

孩子在生活中也許對人或事都不具有清醒和客觀的認識，這時，家長要針對生活中出現的各種問題和困難，教導孩子用切實可行的方法予以處理，給孩子足夠的空間，漸漸他們就會表現出積極進取的精神。

除此之外，EQ研究專家們還認為，家長須教導孩子對待生活要樂觀開朗，對待學習要熱情上進，如果真的心情低落，不妨告訴孩子：你不是一個人，如果不開心就試著向爸爸媽媽或者朋友、老師吐露心聲，告訴我們你所面臨的苦惱。孩子還可以嘗試著和別人聊天，或者寫日記，這些都可以幫助孩子發洩心中的痛苦。有了這樣的培養觀念，相信我們的下一代中會誕生更多的情緒控管精英。

測驗

你認識並了解生活中的自己嗎？

1.假設你在森林的深處向前走，看見前面有一座很舊的小屋，請你設想，這個小屋的門現在是什麼狀態？

□開著 □關著

2.你走進屋子裡看見一張桌子，這個桌子是什麼形狀的？

□圓形 □橢圓形 □正方形 □長方形 □三角形

3.在桌子上有個花瓶，瓶子裡有水，有多少水在花瓶裡？

□滿的 □一半 □空的

4.這個瓶子是由什麼材料製造的？

□玻璃 □陶瓷 □泥土 □金屬 □塑膠

5.你看見地上有東西，你彎腰拾起，是一個帶著鑰匙的鑰匙鏈。有多少把鑰匙拴在上面？你可以從一到十中任意選一個數字。

6.你繼續向前走，發現眼前有一座城堡。這個城堡是什麼樣的？

□舊的　□新的

7.你走進城堡，看見一個游泳池，黑暗的水面上漂浮著很多閃閃發光的寶石，你會撿起這些寶石嗎？

□是　□否

8.在這個黑暗的游泳池旁邊還有一座游泳池。清澈的水面上漂浮著很多錢幣。你會撿起這些錢幣嗎？

□是　□否

9.城堡的盡頭有一個出口，你從那裡走出了城堡。在城堡外面，你看見一座大花園，你看見地面上有一個箱子。這個箱子是多大尺寸的？

□小　□中　□大

10.這個箱子是什麼材料做的？

□硬紙板 □紙 □木頭 □金屬

11.有一座橋就在離著箱子的不遠處。橋是什麼材料建造的？

□金屬 □木頭 □藤條

12.走過這座橋，有一匹馬。馬是什麼顏色的？

□白色 □灰色 □褐色 □黑色

13.馬正在做什麼？

□安靜地站著吃草 □在附近奔跑

14.突然，離馬很近的地方刮起了一陣龍捲風。這時你會怎麼做？

□跑過去藏在箱子裡 □跑過去藏在橋底下 □跑過去騎馬離開

測試結果：

1.門如果是開著的：說明你是一個任何事都願與別人分享的人；門如果是關著的：說明你是一個任何事都願一個人去做的人。

2.圓形、橢圓形：總有一些朋友陪伴著你，你完全地信任並接受他們；正方形、長方形：你在交朋友的時候有點挑剔，你只和那些你認為比較熟悉的朋友有一些來往；三角形：在對待朋友的問題上，你是一個非常吹毛求疵的人。

3.空的：你目前的生活很不滿意；一半：你的生活只有一半達到你的理想；滿的：你對目前的生活非常滿意。

4.玻璃、泥土、陶瓷：在生活裡你是一個脆弱而需要得到照顧的人；金屬、塑膠、木頭：你在生活裡是一個強者。

5.選擇一：生活中你只有一個好朋友；二至五：生活中你有一些好朋友；六至十：生活中你有許多好朋友。

6.舊的：顯示你在過去的交往中有一段不好的和不值得紀念的關係；新的：顯示你在過去的交往中有一段很好的交往，而它現在仍然鮮活的駐留在你心裡。

7.是：當你的伴侶在你身邊時，你依然和周圍的人調情。否：當你的伴侶在你身邊裡，你絕大多數時間只會圍著他（她）轉。

8.是：當你的伴侶不在你身邊，你會和周圍的人調情。否：當你的伴侶不在你身邊，你也會很忠誠，不和周圍的人調情。

9.小：不自負。中等：比較自負。大：非常自負

10.硬紙、紙、木頭：不閃光，謙虛的性格。金屬：驕傲而頑固的性格。

11.金屬：和朋友有非常緊密的聯繫。木頭：和朋友有比較緊密的聯繫。藤條：周圍沒有很好的朋友。

12.白色：你的伴侶在你心目中非常純潔而美好。灰色、褐色：你的伴侶在你心目中的地位一般。黑色：你的伴侶在你心目中好像根本不怎麼樣，甚至很不好。

13.安靜吃草：你的伴侶是一個顧家的、謙虛的人。在附近奔跑：你的伴侶是一個非常狂野的人。

14.如果你選擇箱子，你無論何時遇到麻煩你都會自己解決。如果你選擇橋，無論何時你遇到麻煩你都會去找你的朋友一起解決。如果你選擇馬，遇到麻煩時會與伴侶一起面對。

第2章

了解自己，認識情緒

在試圖了解或分析他人之前，首先要了解自己！你的個性如何，你的喜好是什麼，你的人生底線是什麼，你擅長什麼，能力如何，是否有協調性，你的優勢是什麼，劣勢是什麼……如果你不能對自己做出全面準確的判斷，那麼你就很難知道自己究竟需要什麼樣的合作夥伴，需要什麼樣的生活狀態，在十字路口應該如何抉擇……

認識自己，了解生命的本質和祕密

慢情緒關鍵字
培養高EQ，首先要先認識自己的情緒並了解接納自己的情緒。

在古希臘帕爾索山上的一塊石碑上，刻著一句箴言：你要認識你自己。盧梭這樣讚譽這一碑銘：「比倫理學家們的一切巨著都更為重要，更為深奧。」孟子也曾經教導我們：「吾日三省吾身。」顯然，認識自己至關重要。

然而，愛爾蘭戲劇家王爾德曾說：「那些自稱了解自己的人，都是膚淺的人。」這的確是無可爭辯的事實，因為對每個人來說，要想完全了解自己，並不是一件容易的事。

希臘神話中有一則「史芬克斯之謎」的故事：

史芬克斯（Sphinx）是一名獅身人面的怪物，他把守著路口，給來往行人出了一個謎語：「早晨用四隻腳走路，中午用兩隻腳走路，晚上用三隻腳走路，腳最多的時候正是速度和力量最小的時候。」猜出謎底便被放行；猜不出便被這位怪物吞掉。

這個謎語的謎底應該說是最簡單不過的了——就是我們「人」——在生命的早晨，是嬌嫩的嬰兒，用四肢爬行。到了中午，也就是青壯年時期，是用兩隻腳走路。到了晚年，是那樣老邁無力，以至於不得不借助拐杖的扶持，將其作為第三隻腳。遺憾的是，眾多路人都猜不出謎底。作為「人」的人，卻不能認識自己，只能眼睜睜地進入怪物的血盆大口，成為史芬克斯的美餐。最後，幸虧一位智者俄狄甫斯猜中謎底，才使這名殘暴的怪物無地自容，跳崖自殺了。

人有兩隻眼睛，可以看世間、看萬物、看他人，目觀八方，卻往往看不到自己。而一個人要培養承擔重任的力量，首先要從自我認識、自我訓練做起，這是一切行動的前提條件。

在西方的思想界廣泛流傳著這樣一個故事：

蘇格拉底風燭殘年之際，知道自己時日不多了，就想考驗和點化他那位平時看上去很不錯的助手。

他把助手叫到床前說：「我的蠟所剩不多了，得找另一根蠟接著點下去，你明白我的意思嗎？」

「明白。」那位助手趕忙說，「您的思想光輝得好好地傳承下去……」

「可是，」蘇格拉底慢悠悠地說，「我需要一位最優秀的傳承者，他不但要有相當的智慧，還必須有充分的信心和非凡的勇氣……這樣的人選直到目前我還未見，你幫我尋找和發掘，好嗎？」

「好的。」助手順從地說，「我一定竭盡全力去尋找，不辜負您的栽培和信任。」

蘇格拉底笑了笑，沒再說什麼。

忠誠而勤奮的助手，不辭辛勞地透過各種管道四處尋找。可是他領來的每一位候選者，都被蘇格拉底一一婉言否決了。最後，當那位助手再次無功而返地回到蘇格拉底病床前時，病入膏肓的蘇格拉底硬撐著坐起來，撫著那位助手的肩膀說：「真是辛苦你了，不過，你找來的那些人，其實都不如你……」

「我一定加倍努力，」助手言辭懇切地說，「找遍城鄉各地，找遍五湖四海，我也要把最優秀的人選挖掘出來！」

蘇格拉底笑笑，不再說話。

半年之後，蘇格拉底眼看就要告別人世，最優秀的人選還是沒有眉目。助手非常慚愧，淚流滿面地坐在病床邊，語氣沉重地說：「我真對不起您，令您失望了！」

「失望的是我，對不起的卻是你自己。」蘇格拉底說到這裡，很失意地閉上眼睛，停頓了許久，才又不無遺憾地說：「本來，最合適也最優秀的人就是你自己，只是你不敢相信會是自己，才把自己忽略、耽誤了。其實，每個人都是優秀的，差別就在於如何認識自己以及如何發掘和重用自己……」話沒說完，一代哲人就永遠離世了。

十四世紀的英國詩人喬叟（Geoffrey Chaucer）說：「自知的人是最聰明的。」現實生活中，很多人往往由於各種原因，對自己沒有一個正確的認識。蘇格拉底的助手也是。「不識廬山真面目，只緣身在此山中」，這位助手就是沒有跳出「廬山」，也就無法以旁觀者的眼光分析和審視自己。

也許你又要問：在這一生的認識自我中，我們該怎樣行動呢？

日常生活中，我們最常用的就是透過比較認識自我，當你不知道自己是對是錯時，你就看看身邊的人怎麼做吧。然後經過自己的思考，總是可以發現自己的缺點與不足。在社會交際中，他人就是一面鏡子，同樣，你也可以從別人的態度中把握自我。我們看不清楚自己時，就記得照鏡子。留意別人對自己的態度和反應，以此來獲得一些評價，你就能了解和認識自我。

做每一件事情，每個人所取得的成果是不一樣的，要學會從成績中認識自我，但各人所具潛能的性質不相同：有人拙於文字而長於工藝，有人不善辭令而精於計算……如果只看少數項目上的成績，往往不能察見一個人的才能和稟賦的全貌。因此，請全面客觀地看待自己的成績，全面客觀地認識自我。

善於自我認識的人比比皆是。偉大的魯迅先生一向以「橫眉冷對千夫指，俯首甘為孺子牛」自律，他熱愛青年，支持青年，甚至還有過為青年人補靴子的經歷。然而，當他發現「青年人中也有蟲豸」的時候，他並未因要保存面子而一意孤行，而是適時反省自己、解剖自我，因而更為後人所推崇。

中國最具影響力的作家史鐵生，在與頑症搏鬥中，正確地認識了自我的缺陷和價值，因此能以一種平和的心態來對待生活中的坎坷和磨難。他曾經寫道：「我常以為是醜女造就了美人，我常以為是懦夫襯托了英雄，我常以為是愚氓舉出了智者，我常以為是眾生度化了佛祖。」

人生之中，最大的智慧是了知生命的本質和祕密。你最大的幸福是預知自己的命運，而這種預知，來源於正確認識自己，最終把握住自己的命運。人一生的工作也只為了認識自己！如果發展方向是正確的，自己可以是草芽，遇春風春雨就破土，釋放氧氣清新原野；自己可以是樹苗，在陽光雨露的滋潤下長壯長高，撐出綠蔭撫慰人心。

情緒失控是一種毒藥

慢情緒關鍵字

「情緒」累積過度會毒害身體！拋棄不必要的情緒，讓自己神清氣爽。

有一個農夫，因為一件小事和鄰居爭吵起來，爭論得面紅耳赤，誰也不肯讓誰。最後，農夫只好氣呼呼地去找智者，因為這位智者是當地最有智慧、最公道的人，他肯定能斷定誰是誰非。

「智者，您來幫我們評評理吧！我那鄰居簡直不可理喻！他竟然……」農夫怒氣沖沖，一見到智者就開始了他的抱怨和指責。但當他正要大肆講述鄰居的不是時，被智者打斷了。

智者說：「對不起，我現在正巧有事，麻煩你先回去，明天再說吧！」

第二天一大早，農夫又憤憤不平地來了，不過，他顯然沒有昨天那麼生氣了。「今天您一定要幫我評個是非對錯，那個人簡直是……」他開始數落起鄰居的惡劣。

智者不慌不忙地說：「你的怒氣還沒有消退，等你心平氣和後再說吧！正好我昨天的事情還沒有辦完。」

接下來的幾天，農夫沒有再來找智者。有一天智者散步時遇到了農夫，農夫正在地裡忙碌著，心情顯然平靜了許多。

智者問道：「現在你還需要我來評理嗎？」說完，微笑地看著農夫。

農夫羞愧地笑了笑，說：「我已經心平氣和了！現在想來，那也不是什麼大事，不值得生那麼大的氣，真是給您添麻煩了。」

智者微笑著說：「這就對了，我不急於和你說這件事情就是想給你思考的時間，讓你消消氣啊！記住，任何時候都不要在氣頭上說話或行動。」

莎士比亞說：「不要因為你的敵人燃起一把火，你就把自己燒死。」留心四周，我們隨時可以找到正在生氣發怒的人們。我們每個人都避免不了生氣動怒。

某天晚上，漢斯教授正準備睡覺，突然電話鈴響了，漢斯教授接起了電話。電話是一個陌生婦女打來的，對方的第一句話就是：「我恨透他了！」

「他是誰？」漢斯教授感到莫名其妙。

「他是我的丈夫！」

漢斯教授想，哦，打錯電話了，就禮貌地告訴她：「對不起，您打錯了。」

可是，這個婦女好像沒聽見一樣，如竹桶倒豆子一般說個不停：「我一天到晚照顧兩個小孩，他還以為我在家裡享福！有時候我想出去散散心，他也不肯，可他自己天天晚上出去，說是有應酬，誰知道他做什麼去了……」

儘管漢斯教授一再打斷她的話，說自己不認識她，但那個婦女還是堅持著把話說完了。最後，她喘了一口氣，對漢斯教授說：「對不起，我知道您不認識我，但是這些話在我心裡憋了太長時間了，再不說出來我都要崩潰了。謝謝您能聽我說這麼多話。」原來，漢斯教授充當了一個傾聽的垃圾桶。

美國生理學家愛爾馬設計了一個很簡單的實驗：把一支玻璃試管插在裝有冰水混合物的容器裡，然後收集人們在不同情緒狀態下的「氣水」。研究發現：當一個人心平氣和時，他呼吸時水是澄清透明無雜的；悲痛時水中有白色沉澱；悔恨時有蛋白質沉澱；生氣時有紫色沉澱。愛爾馬把人在生氣時呼出的「生氣水」注射到大白鼠身上，十二分鐘後，大白鼠竟死了。由此，愛爾馬分析認為：「人生氣時的生理反應十分強烈，分泌物比任何情緒發生時都複雜，都更具有毒性。因此生氣的人很難健康，更難長壽。」

震驚於實驗結果的同時，我們更要清楚，我們每一個人，面對生活中的各種困惑、煩擾，都應該學會寬容、學會理解、學會忍讓、避免生氣，牢記「氣大傷身」，用寧靜的、博愛的心態對待世事是非，煩惱自會遠離。哲人說：生氣，就是拿別人的錯誤來懲罰自己。

不錯，何必為別人背沉重的包袱，何必為別人犯下的錯誤承擔責任。其實，人只要肯換個想法，調整一下態度，或者轉移一下視角，就能讓自己有新的心境。只要我們肯稍作改變，就能拋開壞心情，迎接新的處境。

我們需要記住：「生氣，是一種毒藥！」我們不能讓自己的情緒只停留在問題的表面，我們必須學習「轉念」、「少點怨，多點包容」、「多灑香水、少吐苦水」，讓負面的思緒遠離，用樂觀的正面思緒來迎接人生。

人們時刻都要管理好自己的情緒，尤其在人生的一些關鍵時刻。在每次要發脾氣前，先冷靜地問問自己：別人不會為我的壞脾氣「買單」，我自己可以嗎？如果你自己也不想這麼做，那麼還是收起你的怒氣吧！

你可能不漂亮，但可以十分可愛

慢情緒關鍵字

勇敢地正視自己的不足，才能不斷完善自己，只有你可愛，這世界才能變得更可愛。

每個人都不會是十全十美的，總會有這樣或那樣的某些不足，但每個人都有自己的閃亮之處，要善於發現和發揚自己的閃光點，以己之長補己之短，變不利為有利。

清代有位將軍叫楊時齋，他認為軍營中沒有無用之人。聾子，安排在左右當侍者，可避免洩露重要軍事機密；啞巴，派去傳遞密信，一旦被敵人抓住，除了被搜去密信之外，再也問不出更多的東西；瘸子，派去守護炮臺，堅守陣地，他很難棄陣而逃；瞎子，聽覺特別好，可命其戰前伏在陣地前竊聽敵軍的動靜，擔負偵察任務。

可見，人人都有自己的獨特之處，而這需要你仔細發掘，用心發現。

歷史上的一些著名人物，亞歷山大、拿破崙、晏子、伊曼努爾・康德（Immanuel Kant）、貝多芬，他們生來身材矮小，相貌上也「差人一等」，但是他們最終成為偉大的軍事家、政治家、哲學家、音樂家或詩人。

戴爾・卡內基說：「一種缺陷，如果生在一個庸人身上，他會把它看作是一個千載難逢的藉口，竭力利用它來偷懶、求恕、懦弱。但如果生在一個有作為的人身上，他不僅會用種種方法來將它克服，還會利用它做出一番不平凡的事業來。」鳥美在羽毛，人美在心靈。你可能不漂亮、有缺點，但你也可以努力蛻變成一隻美麗的蝴蝶。

自我「催眠」，創造自己的生命奇蹟

慢情緒關鍵字

信念創造實像，不要小看自己。

你是否發現這樣的一種情況：自己感覺將要發生的事情在未來的一天裡真的發生了。這麼神奇的第六感，其實很大程度上是自我暗示在發生作用。

有一位全美國頂尖的保險業務經理，要求所有的業務員每天早上出門工作之前，先在鏡子前面用五分鐘的時間看著自己，並且對自己說：「你是最棒的壽險業務員，今天你就要證明這一點，明天也是如此，一直都是如此。」

經由這位業務經理的安排，每一位業務員的丈夫或妻子，在他們出門工作之前，都以這一段話向他們告別：「你是最棒的業務員，今天你就要證明這一點。」

結果，這些業務員的業績都在保險業居領先地位，他們都非常努力工作，儘管賣保險不是一件容易的事情——因為很少有人會自願購買保險。

這位經理運用的就是自我暗示的心理學原理。風能使一艘船駛向東，也能使它駛向西，自我暗示原則亦可將你推向高峰或使你墜入低谷。因此，我們需要做的就是不斷地給自己積極的自我暗示——暗示自己一定會成功，會獲得發展，能夠取得進步。

如果你「認為」自己會失敗，那你鐵定會失敗。如果你「認為」自己不敢，你便不敢。如果你想贏卻「認為」贏不了，幾乎可以斷定你與勝利無緣。如果你「認為」自己會輸，你已輸了。成功始於人之「意志」——一切決於「心念」之間。

EQ研究專家告訴我們：如果你不斷向自己灌輸某些事情，最後，你的潛意識就會接納它並信以為真。一旦你的潛意識相信並且接納了某件事，它就會努力地把這個想法轉化成事實。如果你能有意識地計畫安排，讓你的心充滿積極的念頭，就可以從中獲益，肯定地告訴自己的潛意識「我有能力完成想做的任何事情」。每天重複這些自我激勵的話，直到它成為自動的反應，當你懷疑自己時，這些語句就能自動浮現。

從人體的構造來說，人類大腦中有一個潛意識部分，蘊藏著無窮的力量，每一個人都可以發掘出這種力量，運用在任何一個目標上。方法非常簡單，只要用簡短的話命令大腦，潛意識就像一個無形的巨人，隨時可以接受你的指揮，為你做任何事情。

每一位成功者都有一套調整思想的方法。他們密集地將自己選擇的目標輸入潛意識，使它沒有機會接觸任何負面的思想。技巧並不重要，只要明確地描述自己想要什麼，並將這項資訊反覆地傳達給潛意識即可。

自古以來，不知有多少思想家、傳教士和教育者都一再強調信心與意志的重要性。但他們都沒有明確指出：信心與意志是一種心理狀態，是一種可以用自我暗示誘導和修煉出來的心理狀態。心態決定命運，成功始於覺醒。這個結論是以心理暗示決定行為這個事實為依據的。

有人說一切的成就、一切的財富，都始於一個意念。我們還可以說得更淺白全面一點就是：你習慣在心理上進行什麼樣的自我暗示，是你成與敗的根本原因。走向成功的主要途徑是：堅持在心理上進行積極的自我暗示，去做那些你想做而又怕做的事情。

畢爾在十九歲開辦了一個經營獸皮和皮革的商店，不久他破產了，但挫折並沒有壓倒這個年輕人，反而更激勵了他。不久，他開始尋找獲得成功的新方法。

畢爾急欲致富，他認為他能在勵志的書籍中找到獲得財富的方法，於是就到圖書館裡尋找有關的書籍。他發現了一本關於致富的書，不禁欣喜若狂。他讀了一遍又一遍。但讀了三遍後，還不能準確理解那些世界級富豪們是如何獲得財富的。

在他第四遍閱讀的過程中，奇蹟發生了。那一天他在新德里一條商業大街上悠閒地漫步，途中佇立在一個肉舖的櫥窗前面向上仰望，就在那一瞬間，他得到了一個一閃而來的致富方法。他大聲告訴自己：「就是它！」他的發現就是「運用自我暗示致富」。

「當你每天有感情地、全神貫注地高聲朗讀兩遍從幫助你致富的書中抄下來的語句時，你就能使得你所期望的目標同你的下意識心理直接相通。重複這個過程，你就會自覺自願地形成思想習慣。這對你努力把願望轉變為現實是有好處的。」

「在應用自我暗示的原則時，要把心力集中於某種既定的願望上，直到那種願望成為熱烈的願望。那次我從街上氣喘吁吁地跑回家時，我立刻坐到飯桌旁寫道：『我確定的主要目標是十年後成為百萬富翁。』」他說，「一個人應當把他所想要獲得的金錢的數量規定得十分明確，並定下日期。我照辦了。」

畢爾雖然在十九歲失敗過，但是現在他卻成了著名的、令人尊敬的威廉•維•麥克考爾，是澳大利亞最年輕的國會議員，著名的辛得立城可口可樂子公司董事會前董事長。

畢爾的致富法寶運用到我們生活的其他方面也是可以的，學習、交友、獲得提升……任何你想要達成的目標都可以運用此法。

心理上的自我暗示固然是個法寶，但這個法寶的巨大魔力，還需要透過長期運用，形成一種意識，才會充分地顯示出來。具有主動意識的人必然會長期進行積極的自我暗示，而具有被動意識的人卻總是告訴自己「我沒有那麼幸運」。可以說，經常進行積極暗示的人在每一個困難和問題面前看到的都是機會和希望，而經常進行消極暗示的人在每一個希望和機會面前看到的都是問題和困難。

如果你能運用暗示的力量及豐富的想像力，建立一個成功、快樂、美好的自我形象，即為自己塑造一個成功的開始。實際上，我們每個人都比自己想像中的更好、更有能力、更聰明。人的潛能就是這樣逐漸發揮出來的。所以不要小看自己，只要你有那個願望，就能激發自己的潛能，做最好的自己。

以人為鏡，透過別人看自己

慢情緒關鍵字
透過他人客觀的認識自我，別讓自己陷入迷惘與自卑沼澤。

唐朝大臣魏徵的死訊傳到唐太宗耳中時，唐太宗痛哭流涕地說：「朕失去了一面鏡子」。他人是我們的一面人生之鏡，因為在認識自己的時候難免帶有個人主觀色彩，得出的評價就會有失偏頗。人之所以「不識廬山真面目」——不能準確識別自己，就是因為當局者迷。借助「旁觀者清」的力量來剖析自己，是完善自我認識所必需的。

蘇東坡與佛印禪師是很好的朋友。有一天，二人一起坐禪。

蘇東坡說：「大師，你看我坐在這裡像什麼？」

「看來像一尊佛。」禪師說。

蘇東坡譏笑著說：「但我看你倒像一堆大便！」

蘇東坡回到家後，得意地對蘇小妹炫耀自己是如何占了佛印禪師的便宜。

誰料，聰慧的蘇小妹不僅未贊同他的說法，反而說出這麼一番話：「自己心中是佛，看別人也會像佛；自己心中是大便，看別人也會像大便。」

了解其他經常與你接觸的人對你的評價，是一個人了解自己情緒的重要途徑。你可以邀請父母或者其他經常與你在一起的人用一些形容詞描述你的特點。不過，他人對你的看法，僅是供你作參考的。有時候，我們會發現來自他人的破壞性批評會對你有不利的影響，這時就需要你認真分辨，不要讓一些錯誤的評價影響你對自己的信心。

心理學家把人們樂於接受一種概括性性格描述的現象稱為「巴納姆效應」（Barnum effect）。你平時所了解的所謂「星座」與性格的預測，乃至各種「算命」的解釋也就是利用了這種效應。「巴納姆效應」一方面揭示了我們的認知心理特點，另一方面也迎合了我們認識自己的欲望。事實上，認識別人難，認識自己更難。

一個真實的故事，發生在非洲一個國家。那個國家的白人政府實施「種族隔離」政策，不允許黑人進入白人專用的公共場所。白人也不喜歡與黑人來往，認為他們是低賤的種族，避之唯恐不及。

有一天，一個長髮的白人姑娘在沙灘上做日光浴，由於過度疲勞，她睡著了。當她醒來時，太陽已經下山了。此時，她覺得肚子餓，便走進沙灘附近的一家餐館。她推門而入，選了張靠窗的椅子坐下。她坐了約十五分鐘，沒有侍者前來招待她。她看著那些店員都忙著招待比她來得還遲的顧客，對她則不屑一顧，頓時怒氣滿腔，想走向前去責問那些店員。當她站起身來，正想向前時，注意到眼前有一面大鏡子。她看著鏡中的自己，眼淚不由奪眶而出。原來，她已被太陽曬黑了。此時，她才真正體會到黑人被白人歧視的滋味！

那位白人姑娘能體會到被人歧視的滋味，在於透過「他人」的體驗映照了自己的內心。儘管這個「他人」還是她自己，但由於身分的變換，使得她跳出了「當局者迷」的圈子，第一次真正意識到平時自己看不清的問題。

享譽華人世界的青年導師，李開復給大學生的信中，記述了這麼一件事情：

我的下屬中有一個「自覺心」明顯不足的人。他雖然有一些能力，但是他自視甚高，總是對自己目前的職位不滿意，隨時隨地自吹自擂，總是不滿現狀。前一段時間，他認為我不識才，沒有重用他，決定離開我的組，並期望在微軟其他組中另謀高就。但是，他最終發現，自己不但找不到更好的工作，公司裡的同事也都對他頗有微詞，認為他缺少自知之明，期望和現實相距太遠。最近，他沮喪地離開了公司。

接替他職位的人，是一個能力很強而且很有「自覺心」的人。雖然這個人在上一個職位工作時不是很成功，但他理解自己升遷太快，願意自降一級來做這份工作，以便打好基礎。他現在的確做得很出色。

李開復對他的下屬的評價，如果該下屬能夠有幸看到，那麼他也就借助了李開復的力量，實現了「旁觀者清」，很利於他認識自己。許多人看不清自身的缺陷與自私自利的品德，但也有的人恰恰相反——看不到自身的優勢和優秀的品質。

以銅為鏡，可以正衣冠；以古為鏡，可以見興替；以人為鏡，可以明得失。這是古人所講的，作為我們平常人，以人為鏡，可以在自己的生活道路上接受他人失敗的教訓而少走彎路。

我們每個人都應該以人為鏡，把別人的優點記在心上，學習他們的長處，取長補短，將他們的優點變為自己的。對別人的缺點和不足，自己引以為戒，不去犯同樣的錯誤。在對人方面，不要總記住別人的缺點，要總是想到別人的優點，想到別人對自己的好處。

以人為鏡，要選對鏡子，選對自身有益之鏡，如若拿錯鏡子，就不能正確認識自己……其實，我們每一個人也是自己的鏡子，別人透過對我們的一言一行觀察、揣摩、了解並最終把我們定性和歸類，於是我們就成了別人眼裡的好人、壞人、可信之人、不可信之人……別人如果覺得你真心誠意待他，他就會真心實意地待你。

生活中，有許許多多的東西可以作為我們的鏡子，正面的可以借鑒，反面的可以自省。這些都是他人送給我們的寶貴財富，有這麼多現成的財富我們不去利用，豈不可惜？

由彼知己的過程中要注意，在對自己、對他人追求完美時，不能過於超越其他相關的因素來要求自己和他人，不能因對方不是自己所想像的而產生抑鬱或沉淪。

接受現實，接受身邊一切，才會讓自己的人生更加精采自得。

太迎合別人，便失去自己的格調

慢情緒關鍵字
每個人都是獨一無二的，自我肯定比任何比較都有價值。

當你看到鼻子上有紅紅的圓球、臉上濃墨彩、衣著詭異夢幻的小丑時，你一定以為他們做這樣一份工作很快樂——他們的工作就是讓人發笑，他們的言行似乎沒有任何約束。但事實上，絕大多數小丑的扮演者都患有不同程度的抑鬱症，單純為了取悅於人，對小丑來說是一種生命不能承受之重，在可笑的假面背後，往往是一顆疲憊的心。

取悅他人，往往需要不斷地偽裝自己。沒有誰受得了長久地掩飾自己的本性，除非他內心是麻木的。所以，哪怕在強調要懂得社交技巧和辦事藝術的今天，EQ研究專家依然告誡我們：不要為了取悅他人而迷失自我。阿德勒的心理學亦指出人的煩惱全來自於人際關係，如果能不在意他人的觀感，不強求他人的認同，所有的問題就能迎刃而解。

高EQ者用其經驗告訴我們，在這世上，沒有任何一個人可以贏得所有人的滿意。跟著他人眼光來去，為了取悅他人而隨意改變自己，會逐漸讓自身的光彩暗淡。

西莉亞自幼學習藝術體操，她身段勻稱靈活。可是很不幸，一次意外事故導致她下肢嚴重受傷，一條腿留下了後遺症——走路有一點瘸。為此，她十分懊喪，且害怕看見他人注視自己殘腿的目光，甚至不敢走上街去。作為一種逃避，西莉亞搬到了約克郡鄉下。

一天，小鎮上的雷諾茲老師領著一個女孩來向西莉亞學跳蘇格蘭舞。在他們誠懇的請求下，西莉亞勉為其難地答應了。為了不讓他們察覺自己殘疾的腿，西莉亞特意提早坐在一把籐椅上。

那女孩偏偏天生笨拙，連起碼的樂感和節奏感都沒有。當那個女孩再一次跳錯時，西莉亞不由自主地站起來為對方示範舞蹈要領——一個帶旋轉的交叉滑步動作。西莉亞一轉身，便敏感地看見那個學生的眼睛正盯著自己的腿，一副驚訝的神情。西莉亞意識到，自己一直刻意掩飾的殘疾在剛才的瞬間已暴露無遺。這時，一種自卑讓她無端地惱怒起來。

失控中的言語傷害了女孩的自尊心，她難過地跑開了。事後，西莉亞滿心歉疚。過了兩天，西莉亞親自來到學校，和雷諾茲老師一起找到那個女孩，對她說：「要把妳訓練成一名專業舞者恐怕不容易，但我保證，妳一定會成為一個不錯的領舞者。」

這一次，她們就在學校操場上跳，有不少學生好奇地圍觀。那個女孩笨手笨腳的舞姿不時招來同學的嘲笑，她滿臉通紅，不斷犯錯，每跳一步都如芒刺在背。

西莉亞看在眼裡，她深深理解那種無奈的自卑感。

她走過去，輕聲對那個女孩說：「假如一個舞者只盯著自己的腳，就無法享受跳舞的快樂，而且別人也會跟著注意妳的腳，發現妳的錯誤。現在妳仰起臉，面帶微笑地跳完這支舞曲，別管步伐是不是錯的。」

說完，西莉亞和那個女孩面對面站好，朝雷諾茲老師示意了一下。悠揚的手風琴音樂響起，她們踏著拍子愉快起舞。那個女孩的步伐還有些錯誤，而且動作也不是很諧調，但意外的效果出現了——那些旁觀的學生被她們臉上的微笑所感染，不再去關注舞蹈細節上的錯誤。漸漸地，越來越多的學生情不自禁地加入到舞蹈中。大家盡情地跳啊跳，直到太陽下山。

生活在別人的眼光裡，就會找不到自己的路，要知道你活著並不是為了取悅他人。其實，同一個事物，每個人的眼光都不同。面對不同的幾何圖形，有人看出了圓的光滑無棱，有人看出了三角形的直線，有人看出了半圓的方圓兼濟，有人看出了不對稱圖形獨到的美……

既然大家看到的東西都是不一樣的，又何必為誰對誰錯而擔憂呢？當有人不喜歡你的時候，也許他只是片面地看到了你的某個行為，如果你為此而改變自己，豈不是一直讓別人誤解你？

人生是一個多棱鏡，總是以它變幻莫測的每一面反照生活中的每一個人。不必介意別人的流言蜚語，不必擔心自我思維的偏差，堅信自己的眼睛，堅信自己的判斷，用敏銳的視線去審視這個世界，用心去聆聽、撫摸屬於自己的多彩人生，就能夠給自己一個富有個性的人生答案。

突破自我，遠離人生荒漠

慢情緒關鍵字

人活著並不是為了感受痛苦，但要活得好卻不能不承受痛苦帶來的淬鍊。

在看武俠小說時，我們經常會看到那些武林高手在某一關鍵時刻終於打通了任督二脈，功夫馬上就突飛猛進。這是一種很好的象徵：一個人只要突破自我，人生就能上升到全新的境界。

伏爾泰說過：「不經歷巨大的痛苦，不會有偉大的事業。」我們每做一件事，都會在自我心中形成一個障礙，直至完成，這些障礙都會一直存在。這些障礙可能會形成一個瓶頸，有些人突破不了，因此陷入失敗；有些人勇於突破，結果突飛猛進，取得驕人成績。

禪宗典籍《五燈會元》上記載著這樣一則故事：

德山禪師在尚未得道之時曾跟著龍潭大師學習，日復一日地誦經苦讀讓德山有些忍耐不住。一天，他跑去問師父：「我就是師父翼下正在孵化的一隻小雞，真希望師父能從外面儘快地啄破蛋殼，讓我早日破殼而出啊！」

龍潭大師笑著說：「被別人剝開蛋殼而出的小雞，沒有一個能活下來的。母雞的羽翼只能提供讓小雞成熟和有破殼力的環境，你突破不了自我，最後只能困死殼中。不要指望師父能給你什麼幫助。」

德山聽後，滿臉迷惑，還想開口說些什麼，龍潭大師說：「天不早了，你也該回去休息了。」

德山撩開門簾走出去時，看到外面非常黑，就說：「師父，天太黑了。」

龍潭大師便給了他一支點燃的蠟燭，他剛接過來，龍潭大師就把蠟燭吹滅，並對德山說：「如果你心頭一片黑暗，那麼，什麼樣的蠟燭也無法將其照亮啊！即使我不把蠟燭吹滅，說不定哪陣風也要將其吹滅。只要點亮心燈一盞，天地自然一片光明。」

德山聽後，恍然大悟，後來終於青出於藍，成了一代大師。

我們的心理有時和年輕時的德山差不多，遇到困難總是下意識地逃避，就好像手碰到火、觸到電會縮回去一樣，並且期望能得到父母長輩的庇護與幫助。但是人生的某些挫折不會因為你逃避它就消失了，也不會因為外界的幫助而不復存在，相反地，它還會因為你的逃避而由意識變為潛意識，再不知不覺地由潛意識變成無意識，最終它會一輩子跟隨你，使你陷於失敗的泥淖，步入人生的荒漠。

人生道路上，每一次輝煌的背後肯定都有一個如鳳凰涅槃的故事。魯迅說：「真的猛士敢於直接面對慘澹的人生，敢於正視淋漓的鮮血。」梁啟超說：「人生歷程，大抵逆境居十六七，順境居十三四。」如此人生，倘若不敢突破自我，最終徒留遺憾。實際上，突破自我在某種意義上來說就是一種精神的昇華，只要我們敢於向生活中一個個困難、絕境發起衝擊和挑戰，我們定能創造一個又一個輝煌和奇蹟，還人生一片精彩。

蚌是痛苦的，珍珠是它痛苦的造化，美麗寶貴。五彩的人生之所以繽紛，正是因為痛苦的折射。每一次痛苦都意味著一種美的開始，這是痛苦的價值所在。溪流中的岩石，從不向同伴訴說它的痛苦，雖然它那尖尖的稜角被水流無情地沖刷。人類也一樣，古今中外，有多少偉人在經歷過痛苦之後，才獲得成功，品到甘甜。

人活著並不是為了感受痛苦，但要活著卻不能不承受痛苦。離開痛苦的打磨，人就會變得簡單而膚淺，但如果不想方設法擺脫痛苦而是一味沉淪，那麼活著也只會膚淺而簡單。痛苦可以捶打出哲學思想，但你必須是一塊鋼鐵；痛苦可以磨礪出卓越人才，但你必須是一把寶劍。與其說痛苦是人的勁敵，毋寧說它是人的忠實侍從，它伴你走向成熟，走向堅強。

一個人是否成熟、是否堅強，關鍵就是看他能否在痛苦的簇擁下依然保持主人翁的身分。要想永遠使自己超脫於痛苦之上，還得學會在無情的現實面前保持冷靜的頭腦。要懂得人生就是爬大山的道理，要從潛意識裡相信自己擺脫困境的能力。有許多不幸的事情是不以人的意志為轉移的，即使因為自己的失誤而撒下了悔恨的種子，也不必無休止地自責，使自己的靈魂永遠背負著沉重的十字架，重要的是一切從頭做起。

自由的在生命角色中來去

慢情緒關鍵字

身處不同的角色應有不同的應對，但是尊重與禮貌卻不應該因人而異。

每個人都有許多不同的角色，每個人都有許多張不同的面孔。在生活中，我們不可避免地要扮演許多不同的角色，這也是為什麼我們在不同的人眼中形象也不同的緣故。

在面對不同的人與事的時候，人們都有著與之相對應的情緒和心理表現。所以，在了解他人的時候，必須充分發揮自己的EQ，理解他們承擔的每一個角色之間的關係，並且對此做出準確的判斷。

比如說，一個女性在通常情況下同時可以是母親、妻子和家庭主婦，她還可以有自己的職業角色，此外她還可以扮演女兒、阿姨等角色，而每一個角色在不同的場景中又可以分化出許多新的角色，比如說，一個當醫生的母親，對於自己的孩子來說，還可以是家庭教師、體貼入微的女性朋友、親密的玩伴、給自己帶來安慰和體諒自己的決策者等。

從一個角色轉換到另一個角色並不總是一件容易的事情。比如說，一位先生晚上在家裡照料生病的父母，而第二天早上他必須到工作單位上班。但是對於他來說，一下子從做兒子的角色轉換到職業經理等角色是很困難的，因為他的心裡時刻都在惦記著自己的父母。

這樣的情況對於許多男性來說都很相似。有時候男性在工作中暗自積累了許多怨氣和憤懣，在公司裡可能由於手頭的任務忙不完而忽略了自己的情感。而到了晚上，他的太太最好表現得體貼入微，因為她先生還沒有辦法完全從職業角色中轉換出來，一個小小的刺激都可能釀成很大的家庭矛盾。

通常人們所承擔的各種角色不都是可以被清楚地加以區分的，有的角色相互之間可能會有重疊的地方。但是每一個角色的要求都是不同的，一種言行舉止對於某一種角色而言可能很得體，而對於另一種角色來說則可能不再合適。如果不能很好地把握分寸，那麼情況就會變得令人尷尬。

此外，在人們平時所承擔的各種角色中，隱藏著許多特定的感覺和需求，不妨參考以下這些例子：

- 那些整天對別人的事情指手畫腳的人，他們的意圖是什麼呢？通常，他們希望透過自己的表現得到其他人的肯定和表揚，他們覺得這樣做可以使別人顯得很渺小，卻可以使自己感覺很了不起。這一類人總是會把自己放在第一位，他們需要透過這種「自以為是」的行為方式，把自己的意願強加給其他人。
- 那些整天無休止的抱怨者，他們心裡可能對於現實世界十分不滿，並且希望自己看待事物的角度和視野，能夠得到其他人的認同。如果遇到不同的意見，那麼他們會覺得這再一次證實了自己對於外部世界的看法（這些看法在別人的眼中可能完全是偏見）。這些人在平日裡多半會意志消沉，總是希望別人能夠拉自己一把。因此，他們在尋找「精神上的同盟者」。
- 那些總是覺得自己對別人有所虧欠的人，他們總是追求盡善盡美，總是希望能夠達到所有人的要求，但這是不可能的。因此這一類人總是疲於奔命，永遠為了那些「不可能完成的任務」而辛勤努力。

一位正在讀MBA的女老闆，對同學說自己的脾氣特別暴躁，遇到一點小事就怒髮衝冠。她的同學聽後，微笑著問她：「妳通常是對誰大發雷霆呢？」

「我的下屬啊！」女老闆理所當然地回答。

對方一針見血地分析說：「問題就出在這裡，不是說妳的脾氣不好。如果真如此，那麼妳為何不會在市長面前發火呢？」

女老闆聽了恍然大悟，連聲感謝他的指點。

這種「因人而異」的情緒態度與角色立場，其實再常見不過。

亞歷山大大帝騎馬旅行到俄國西部。為進一步了解民情，他決定徒步旅行，但不小心迷失了回客棧的路。路途上，偶然遇見一位軍人，軍人見亞歷山大一身粗布衣，有點傲慢但又不耐煩的回答了路途與方向。

亞歷山大不欣賞他對待平民的態度，便與其閒聊，問對方的軍階。非常以軍職為榮的軍人，在亞歷山大幾番猜測之下，才高傲的展現出自己的中高階身分。但是，當軍人從亞歷山大的談吐，以及隨後跟上的侍從的態度判斷出眼前的人非凡夫俗子之時，他的態度就一百八十度轉變了，馬上恐懼又謙卑的跪下：

「陛下，我無意冒犯您，請饒恕我！」

「饒你什麼?朋友。」大帝笑著說，「你沒傷害我，我向你問路，你告訴了我，我還應該謝謝你呢！」但是，亞歷山大也確實從中理解，軍隊的管理上更需要教育他們，除了驕傲的榮耀精神，更不能展現不可一世的態度，以防傲慢惹禍上身。

這位軍官跟前文女老闆的情況一樣，因為應對的對象不同，所以抱持不同的態度。這或許是人性的本能，但也凸顯出這個小細節，其實有助於幫我們認識一個人的品性與價值觀；當一個人在自身或他人不同的角色變化之下，是否能拿捏到最好的分寸，這取決於情商，也間接影響了一個人的未來發展。

情緒有週期，不做「情緒奴隸」

慢情緒關鍵字
負面情緒的影響力遠比想像中大，創建順遂健康的人生，就必須遠離負面情緒。

是什麼原因使我們產生了情緒？情緒來自何方？科學研究表明，我們大腦中樞的一些特殊的原始部位明顯地決定著我們的情緒。但是，人類語言的使用和更高級的大腦中樞又影響和支配著比較原始的大腦中樞。影響著我們的情緒和行為的主要來源是我們自己的思維。

另外，有些專家也指出：遺傳結構只是在很小程度上決定著你是傾向於安靜還是傾向於激動。而孩提時的經驗和當時周圍人的情緒則影響著你的情緒的萌芽。各種生理因素（如疾病、睡眠缺乏、營養不良等）可能使你變得容易激動。

但是，對大部分人來說，這些因素並不能完全決定著我們滿意的程度，也不能決定我們能否免受焦慮、憤怒和抑鬱之苦。我們的情緒在很大程度上受制於我們的信念、思考問題的方式。這正是情緒不易控制的真正原因。

大體上，我們可以將情緒粗分為愉快和不愉快兩種經驗：愉快的經驗包括喜悅、快樂、積極、興奮、驕傲、驚喜、滿足、熱忱、冷靜、好奇心和如釋重負等。不愉快的經驗有失望、挫折、憂鬱、困惑、尷尬、羞恥、不悅、自卑、愧疚、仇恨、暴力、譏諷、排斥和輕視等。其中它們又可分為合理的情緒和不合理的情緒。

人活著，就免不了體驗這些情緒。情緒左右了人類無數的決定和行為，無論是對我們的學習經驗還是社會適應能力來說，情緒都扮演著非常重要的角色。

首先，我們要認清人的情緒。人的情緒無非兩種：一是愉快情緒，二是不愉快情緒。無論是愉快情緒還是不愉快情緒，都要把握好它的「度」，也要把握它的週期。否則，「愉快」過度了，即要樂極生悲。

不愉快過度造成的悲劇更多。有資料指出，百分之八十的潰瘍患者有情緒壓抑的病史，還有急躁易怒者易患高血壓、冠心病，自卑、精神創傷、悲觀失望者易患癌症。生氣也是一種不良情緒，「氣為百病之長」。

其實生氣有很多壞處：會在無意中傷害無辜的人，有誰願意無緣無故挨你的罵呢？而被罵的人有時是會反彈的。大家看你常常生氣，為了怕無端挨罵，所以會和你保持距離，你和別人的關係在無形中就拉遠了。

偶爾生生氣，別人會怕你；常常生氣，別人就不在乎，反而會抱著「你看，又在生氣了」的看猴戲的心理，對你的形象也是不利的。

生氣也會影響一個人的理性思維，使之對事情做出錯誤的判斷和決定，所以當壞情緒週期來臨的時候，我們需要用高EQ來控制情緒，避免壞情緒帶給自己影響。

人的一生有如簇簇繁花，既有紅火耀眼之時，也有暗淡蕭條之日；人與人相處，既可能如親人一樣互敬互愛，也可能如敵人一樣發生碰撞摩擦。但是，不管我們面對著怎樣的境遇，都要盡量保持自己的風度，既不要自暴自棄，也不可盛氣凌人。

那麼怎麼才能擺脫「情緒奴隸」這個稱號，控制好情緒週期呢？

- 要學習辯證法，懂得用一分為二、變化發展的眼光看問題，在任何情況下，都不要把事物看「死」。
- 要陶冶情操，培養廣泛的興趣，如書法、繪畫、弈棋、種花、養鳥等，可擇其所好，修身養性。

- 不要經常發脾氣，遇事要量力而行；要有自知之明，要相信別人，多為別人著想。還有，要學會尋找快樂，不妨回歸童心，適度高聲歡笑與歌唱。
- 有苦惱時不要悶在肚裡，可向親朋傾訴一番，甚至大哭一場。要廣交朋友，消除孤獨。多嘗試休閒運動，不僅能鍛鍊身體還能鍛鍊情緒、樂活健康一舉兩得。

一位EQ研究專家曾說：「不要做情緒的奴隸，要做情緒的主人。」想要成為一個慢情緒者，首先就要學會控制情緒，這樣你才可以如魚得水地處理任何事。

測驗

你的情緒穩定嗎？

1. 你看到自己最近一次拍攝照片，你有何想法？

□ A.覺得不稱心　□ B.覺得很好　□ C.覺得可以

2. 你是否想到若干年後會有什麼使你自己極為不安的事？

□ A.經常想到　□ B.從來沒有想過　□ C.偶爾想到過

3. 你是否被朋友、同事取過綽號、挖苦過？

□ A.這是經常的事　□ B.從來沒有　□ C.偶爾有過

4. 你是否經常受門窗是否關好、爐子是否關好等問題困擾？

□ A.經常如此　□ B.從不如此　□ C.偶爾如此

5. 你對與你關係最親密的人是否滿意？

□A.不滿意 □B.非常滿意 □C.基本滿意

6. 半夜的時候，你是否經常覺得有什麼值得害怕的事？

□A.經常 □B.沒有 □C.極少

7. 你是否經常因為夢見什麼可怕的事而驚醒？

□A.經常 □B.沒有 □C.極少

8. 你是否曾經多次做同一個夢？

□A.有 □B.沒有 □C.極少

9. 有沒有一種食物使你吃後嘔吐？

□A.有 □B.沒有 □C.記不清

10. 除去看見的世界外，你心裡有沒有另外的世界？

□A.有 □B.沒有 □C.記不清

11. 你心裡是否時常覺得你不是你現在的父母所生？

□A.時常 □B.沒有 □C.偶爾有

12. 你心裡是否時常覺得有一個人愛你或尊重你？

□ A.是 □ B.否 □ C.說不清

13. 你是否常常覺得你的家人對你不好？

□ A.是 □ B.否 □ C.偶爾

14. 你是否覺得沒有人真正了解你？

□ A.是 □ B.否 □ C.說不清楚

15. 你早晨起來時最經常的感覺是什麼？

□ A.憂鬱 □ B.快樂 □ C.說不清楚

16. 每到秋天，你經常的感覺是什麼？

□ A.秋雨霏霏枯葉遍野 □ B.秋高氣爽豔陽高照 □ C.不清楚

17. 你在高處的時候，是否覺得站不穩？

□ A.是 □ B.否 □ C.有時是這樣

18. 你平時是否覺得自己很強壯？

□ A.否 □ B.是 □ C.不清楚

19.你是否一回家就立刻把房門關上？

□A.是　□B.否　□C.不清楚

20.你坐在小房間裡把門關上後，是否覺得心裡不安？

□A.是　□B.否　□C.偶爾是

21.當一件事情需要做決定時，你是否覺得很難？

□A.是　□B.否　□C.偶爾是

22.你是否常常用拋硬幣、翻紙牌、抽籤之類的遊戲來測吉凶？

□A.是　□B.否　□C.偶爾是

23.你是否常常因為碰到東西而跌倒？

□A.是　□B.否　□C.偶爾是

24.你是否需要一個多小時才能入睡，或醒得比你希望的早幾個小時？

□A.經常這樣　□B.從不這樣　□C.偶爾這樣

25.你是否曾經看到、聽到或感覺到別人覺察不到的東西？

□A.經常這樣　□B.從不這樣　□C.偶爾這樣

26. 你是否覺得自己有超乎常人的能力？

□A.是　□B.否　□C.不清楚

27. 你是否曾經覺得因為有人跟著你走而心裡不安？

□A.是　□B.否　□C.不清楚

28. 你是否覺得有人在注意你的言行？

□A.是　□B.否　□C.不清楚

29. 當你一個人走夜路時，是否覺得前面藏著危險？

□A.是　□B.否　□C.偶爾

30. 你對別人自殺有什麼想法？

□A.可以理解　□B.不可思議　□C.不清楚

計分方法：

以上各題答案選A得二分，選B得〇分，選C得一分。

說明：得分越少，說明你的情緒越佳，反之越差。

測試結果：

總分零至二十分：說明你的情緒穩定、自信心強，具有較強的美感、道德感和理智感。你有一定的社會活動能力，能理解周圍人們的心情，顧全大局。

總分二十一至四十分：說明你情緒基本穩定，但較為深沉，對事情的考慮過於冷靜，處事淡漠消極，不善於發揮自己的個性。

總分在四十一分以上：說明你的情緒極為不穩定，目前煩惱太多，使自己的心情處於緊張和矛盾之中。

總分在五十分以上：很危險！你需要請心理醫生做進一步診斷。

第3章
管理自己，潤滑性格

生命的時間長度是有限的，只有把握好時間的寬度，才能有不一樣的人生。能鎮定且平靜地注視一個人的眼睛，甚至在極端惱怒的情況下也不會有一點的脾氣，這會讓人產生一種無法給予的力量。這種「慢情緒」會讓人感覺到，你是自己的主人，隨時隨地能控制自己的思想和行動，這會為你塑造一種尊嚴感和力量感。

不被生活牽著鼻子走

慢情緒關鍵字

當你怕麻煩的時候，你只會越來越麻煩！

「明天，明天，還有明天」，一些人總是在這樣的自我安慰中度過一個又一個今天，殊不知，時間不停息地奔赴終點，當你把今天應該完成的事拖到明天去做時，這個「明天」就足以把你送進墳墓了。

深夜，一個病危的病人迎來了他生命的最後一分鐘，死神如期來到他的身邊。他對死神說：「再給我一分鐘好嗎？」

死神回答：「你要一分鐘做什麼？」

他說：「我想利用這一分鐘看一看天，看一看地。我想利用這一分鐘想一想我的朋友和我的親人。如果運氣好的話，我還想看到一朵綻開的花。」

死神說：「你的想法不錯，但我不能答應。我曾經留了足夠的時間讓你去做這一切，你卻沒有像現在這樣珍惜，你看一下這份帳單：在六十年的生命中，你有三分之一的時間在睡覺；剩下的三十多年你經常在拖延時間；你曾經感嘆時間太慢的次數達到了一萬次，平均每天一次；上學的時候，你經常拖延功課；成人之後，你總是抽菸、喝酒、看電視，虛度光陰……」

「我把你的時間明細羅列如下：做事拖延的時間從青年到老年共耗去了三萬六千五百個小時，折合一千五百二十天；做事有頭無尾、馬馬虎虎，使得事情不斷要重做，浪費了大約三百多天；因為無所事事，你經常發呆；你經常埋怨、責怪別人，找藉口、找理由、推卸責任；你利用工作時間和同事聊天，把工作丟到一旁毫無顧忌；工作時間呼呼大睡，或者和無聊的人煲電話粥；你參加了無數次無所用心、懶散昏睡的會議，這使你睡眠時間遠遠超過了二十年；你也組織了許多類似的無聊會議，使更多的人和你一樣睡眠超標；還有……」

死神的話還沒說完，這個病人就斷了氣。死神嘆了口氣說：「如果你活著的時候能節約一分鐘的話，就能聽完我給你記下的帳單了。哎，真可惜，世人怎麼都是這樣，總是等不到我動手就後悔死了。」

EQ研究專家告訴我們，每個人的生命都是有限的，當拖延成為你的習慣時，死神也就在不知不覺中來臨了。你可以給自己時間，但生命卻不會給你時間，正如中國古代詩人李商隱所吟誦的「人間桑海朝朝變，莫遺佳期更後期」。

人為什麼會被「拖延」的惡魔所糾纏，很大的原因在於當認識到目標的艱巨時所採取的一種逃避心理，能以後再面對的就以後再面對，只要今天舒服就行，拖延就這樣成了逃避「今天」的法寶。

拖延自己前行的腳步，往往有三分之一的原因是自我欺騙，另外三分之二是逃避現實。之所以堅持自己這樣的拖延行為，還因為你自己從中得到了一些「好處」：借由拖延，你顯然可以不去做那些令自己感到頭疼的事，有些事情你害怕去做，有些事情你想做又害怕行動。你透過拖延時間，讓自己在最短的時間內完成工作，如果做得不好，你會說：

「我時間不夠！」就這樣，拖延成了你用來逃避的「通行證」，你和社會上千萬人一樣像草木般活著，遇到任何困難都不當機立斷，任其耽誤下去。

人的本質都是懦弱的，從這一點上說，拖延和猶豫是人類最合乎人情的弱點，也正因為它合乎人情，沒有明顯的危害，所以無形中耽誤了許多事情，在你避免可能遭到失敗的同時，你也失去了取得成功的機會。

類似的情況在我們的生活中經常會遇到，哪天你把一天的時間記錄一下，會驚訝地發現：拖延耗掉了我們很多的時間。很多情況下，拖延是因為人的惰性在作怪，每當自己要付出勞動或作出抉擇時，總會為自己找到一些藉口與安慰，想讓自己輕鬆些、舒服些。

其實拖延就是縱容惰性，也就是給了惰性機會，如果形成習慣，它會很容易消磨人的意志，使你對自己越來越失去信心，懷疑自己的毅力，懷疑自己的目標，甚至會使自己的性格變得猶豫不決，養成一種辦事拖拉的工作作風。

適當的謹慎是必要的，但謹慎過頭就是優柔寡斷，更何況很多像早上起床這樣的事是沒必要作任何考慮的，所以，我們要想盡一切辦法不去拖延，而不是想盡一切藉口去拖延。絕不能讓「我是不是可以等一等」這樣的念頭控制自己。馬上行動吧！從一開始就著手準備，而不是在最後關頭草草了事讓心中留著遺憾和不甘。

做一個不想「如果」只想「如何」的人

慢情緒關鍵字

絕處也可能逢生，不要放棄希望與冷靜，就能找到最佳的破口。

不同人在面對壓力時，做出的反應是不一樣的。有些人是一味退縮，「我不行，我找不到好方法」；而有些人卻是迎難而上，堅信如果有一千個問題，必有一千零一個方法。後一種人永遠不會被問題難倒，他們總能找到適當的方法。

無論在生活還是在學習中，我們總會碰到各種各樣的問題。這些問題有的很大，比如「我將來究竟要做什麼」、「人類社會會向何種方向發展」；有的很小，比如「給朋友送什麼樣的生日禮物」、「和爸爸之間的誤會怎麼消解」等等。

從本質上來說，它們都是同樣重要的問題，它們都在我們的生活中占了重要的作用。如果你願意去探索，你可能成為一個哲學家、政治家，或者是一個孝順的孩子、一個知心的朋友、……。當然更多的情況是，也許我們努力了，但還是沒有找到解決的辦法，內心有極大的挫敗感，造成我們在下一次面對同樣的問題時，依舊得過且過。人生中真的有那麼多不解之謎嗎？未必如此，有一個祕密你可能不知道，那就是「方法永遠比困難多」。

一位名叫雪麗的小姐被美國全國汽車公司製造的一輛卡車撞倒，司機踩了剎車，卡車把雪麗小姐捲入車下，導致雪麗小姐被迫截去了四肢，骨盆也被碾碎。全國汽車公司的辯護律師馬格雷先生在法庭上巧妙地利用了各種證據，推翻了當時幾名目擊者的證詞，雪麗小姐因此敗訴。

傷心絕望的雪麗小姐向珍妮佛•派克小姐求援。珍妮佛透過調查掌握了該汽車公司的產品近年來的十五次車禍情況——原因完全相同，該汽車的制動系統有問題，急剎車時，車子後部會打轉，把受害者捲入車底。

珍妮佛對馬格雷說：「卡車制動裝置有問題，你隱瞞了它。我希望汽車公司拿出兩百萬美元來給那位姑娘，否則，我們將會繼續提出控告。」

馬格雷回答道：「好吧，不過我明天要去倫敦，一個星期後回來，屆時我們研究一下，做出適當安排。」

一個星期後，馬格雷卻沒有露面。珍妮佛感到自己上當了，但又不知道為什麼上當。後來，她的目光掃到了日曆——珍妮佛恍然大悟，訴訟時效馬上就要到期了。珍妮佛怒氣沖沖地給馬格雷打了個電話，馬格雷在電話中得意洋洋地放聲大笑：「小姐，訴訟時效今天過期，誰也不能控告我們了！希望你下一次變得聰明些！」

珍妮佛幾乎要被氣瘋了，她問秘書：「準備好這份案卷要多少時間？」

秘書回答：「需要三、四個小時。現在是下午一點鐘，即使我們用最快的速度草擬好文件，再找到一家律師事務所，由他們草擬出一份新檔交到法院，也來不及了。」

「時間！時間！該死的時間！」珍妮佛急得在屋裡團團轉。突然，一道靈光在她的腦海中閃現——全國汽車公司在美國各地都有分公司，為什麼不把起訴地點往西移呢？隔一個時區就差一個小時啊！位於太平洋上的夏威夷在西十區，與紐約時間相差整整五個小時！對，就在夏威夷起訴！

珍妮佛贏得了至關重要的幾個小時，她以雄辯的事實、催人淚下的語言，贏得了陪審團成員們的支持。陪審團一致裁決：珍妮佛勝訴，全國汽車公司被判賠償雪麗小姐六百萬美元！

「時間！時間！該死的時間！」很多人也曾在生活中發出過類似的感慨，不過珍妮佛在感慨之後，想到的是如何去行動。尋找解決問題的方法，雖然不容易，但方法總是有的，如果我們沒有找到，那只能說明我們還不夠有經驗，或者不夠靈活，或者不夠有勇氣。

有一個窮人與一個富人都想去遙遠的地方旅行，最後貧窮的那個人去了又回來了，卻發現那個有錢人還在原地沒有動。原來，富者一想到要到那麼遠的地方去，要準備的東西太多太多，越想越困難，所以遲遲無法行動；而貧者則是說做就做，不去想如果，只問自己何時行動。

柏拉圖說：「思考的危機決定了一個人一生的危機。」同樣，思考的失敗，也決定了一個人一生的挫敗。一個不善於思考的人，會遇到許多取捨不定的問題；相反地，正確的思考能發揮巨大作用，可以決定一個人應該採取什麼樣的行動。

要相信自己的大腦，要信任你的智慧。任何問題都不會有山窮水盡之時，在能補救之前不要絕望，而要冷靜尋找對策，積極行動。

學會做自己的主人

慢情緒關鍵字

瞬間反射的情緒任由鼓舞，埋下的是自作多情的結果，造成的是魯莽衝動的後果。

心理專家形容某些幼稚的行為舉動，常會用「衝動」來說明。也有些不負責任的人，在做了錯事之後不敢承擔責任，用「一時衝動」來替自己辯解。人要想在競爭激烈的環境中有所作為，必須學會克制住衝動的魔鬼，否則會一發不可收拾，後果也許令我們難以承受。

我們平時無論工作、生活中都應盡力保持理性，用理智代替衝動。客觀的分析才會有助於找到問題的答案與真相，受衝動情緒影響只會喪失敏銳的判斷力，最終做出令我們抱憾的決定。

有個尤翁，他開了間典當鋪。

有一年年底，他忽然聽到門外一片喧鬧。他出門一看，原來門外有位窮鄰居在鬧事。站櫃台的夥計對尤翁說：「他將衣服壓了錢，空手來取，不給他，他就破口大罵，有這樣不講理的人嗎？」

門外那個窮鄰居仍然氣勢洶洶，不僅不肯離開，反而坐在當鋪門口。

尤翁見此情景，從容地對那個窮鄰居說：「我明白你的意思，你這樣做不過是為了度過這個年關。這種小事，值得一爭嗎？」於是，他命店員找出鄰居的典當之物，共有衣服、蚊帳四、五件。

尤翁指著棉襖說：「這件衣服抗寒不能少。」又指著長袍說：「這件給你拜年用。其他的東西不急用，就留在這裡吧。」

那位窮鄰居拿到兩件衣服，不好意思再鬧下去，只好離開了。

當天夜裡，這個窮漢竟然死在別人的家裡。

原來，此人同一家人打了一年多的官司，因為負債過多，不想活了，於是就先服了毒藥。他知道尤翁家富有，想在臨死之前敲詐一筆，結果尤翁沒吃他那一套，沒傻乎乎地當他的發洩對象，於是他就轉移到了另外一家。

事後有人問尤翁，為什麼能夠事先知情而容忍他。尤翁回答說：「凡無理挑釁的人，一定有所倚仗。如果在小事上不忍耐，那麼災禍立刻就會到來。」人們聽了這話都很佩服尤翁。

控制自己的衝動是件非常不容易的事情，因為我們每個人的心中都存在著理智與感情的鬥爭。當謹慎之人察覺到情緒衝動時，會即刻控制並使其消退，避免因熱血沸騰而魯莽行事。

有一對年輕的夫婦，妻子因為難產死去了，孩子活了下來。男人一個人既要工作，又要照顧孩子，有些忙不過來，可是又找不到合適的保姆來照看孩子，於是他訓練了一隻狗，狗兒既聽話又聰明，可以幫他照看孩子。

有一天，男人要外出，像往日一樣讓狗照看他的孩子。他去了離家很遠的地方，所以當晚沒有趕回家。第二天一大早他匆忙趕回家裡時，狗聽到主人的聲音搖著尾巴出來迎接。男人發現狗滿口是血，打開房門一看，屋裡也到處是血，孩子居然不在床上……男人一下子怒氣湧到心頭，心想一定是狗的獸性大發，把孩子吃掉了，盛怒之下便拿起刀來把狗殺死了。

就在男人悲憤交加時，突然聽到孩子的哭聲，只見孩子從床下爬了出來。男人感到很奇怪，他仔細地看了看狗的屍體，才發現狗後腿上有一大塊皮沒有了，而屋門後面還有一隻狼的屍體——原來是狗救了小主人，卻被主人誤殺了。

男人在一刀痛快之後，很快就嘗到了痛苦的滋味。他痛失愛犬，原因就是自己的一時情緒失控。

真正的成功者，應該在所有時刻都能讓他的思維來服從他的意志力。這樣的人，才是自己情緒的真正主人；這樣的人，已經形成了強大的精神力量，他的思維在壓力最大的時候恰恰處於最巔峰的狀態；這樣的人，才是造物主所創造出來的理想人物，是人群中的領導者。

為什麼有的人能夠有所作為，有的人卻碌碌無為？EQ研究專家告訴我們，除了機遇不同外，最重要的原因還在於有的人自制力強，而有的人自制力差，老是漫不經心、朝秦暮楚。缺乏自制力是人最大的弊病，它使得人蹉跎一生，無所成就。而要培養自制力，就必須有一定的意志力來約束自己，讓自己一次只完成一件事。要學會做自己的主人，控制好自己，養成這種習慣，循序漸進，也就離成功不遠了。

控制住情緒，就控制了世界

慢情緒關鍵字

EQ高的人，萬事操之在我；EQ低的人，處處受制於人。

掌控自我情緒是種重要的能力，也是人類區別於動物的重要標誌。人是有理性的動物，而非依賴感情行事。沒有自制力的人終將一無所成，他會因為抵制不了一點小刺激和小誘惑而深陷泥淖。

有一個間諜，被敵軍捉住了，他立刻裝聾作啞，任憑對方用怎樣的方法誘問他，他都不為之所動。等到最後，審問的人故意和氣地對他說：「好吧，看起來我從你這裡問不出任何東西，你可以走了。」

你認為這個間諜會立刻轉身走開嗎？

不會的！

要是真這樣做，他裝聾作啞的偽裝就會被當場識破。因此，這個聰明的間諜依舊毫無知覺似的呆立著不動，彷彿完全不曾聽見那個審問者的話。

審問者是想以釋放他為誘餌使他麻痺，來觀察他的聾啞是否真實——因為一個人在獲得自由的時候，常常會精神放鬆。但那個間諜聽了依然毫無動靜，彷彿審問還在進行，就不得不使審問者也相信他確實是個聾啞人了，所以他只好說：「這個人如果不是聾啞的身障者，那一定是個瘋子了！放他出去吧！」就這樣，間諜保住了性命。

很多人都驚歎於這個間諜的聰明與鎮定。其實，與其說這個間諜聰明絕頂，還不如說是他超凡的情緒自控力在關鍵時刻拯救了他的生命，換回了他的自由。

情緒是人對事物的一種最淺顯、最直觀、最不用腦的情感反應。它往往只從維護情感主體的自尊和利益出發，不對事物做複雜、深遠和充滿智謀的考慮，這樣的結果，常使自己處在很不利的位置上或為他人所利用。

很多人在工作、學習、待人接物的過程中，常常依從情緒的擺佈，情緒上來了，什麼蠢事都願意做，什麼蠢事都做得出來。例如，因一句無關利害的話，便可能與人打鬥，甚至拚命（詩人萊蒙托夫、詩人普希金與人決鬥死亡，便是此類情緒所致）；又如，因別人給他們一點小恩小惠，而心腸頓軟，大犯根本性的錯誤……我們還可以舉出很多因情緒的浮躁、簡單、不理智等而犯的過錯，大則失國失天下，小則誤人誤己誤事。這都是因為情緒的躁動和亢奮，蒙蔽了人的心智。

能夠管理他人情緒的人是高EQ之人，所謂管理他人情緒是指在準確識別他人情緒的基礎上，用自己的EQ影響他人的能力。

這當中識別他人情緒是管理他人情緒的首要環節，不能正確認識別人的真正意圖就不能很好地施加影響力。

清末陳樹屏善於用簡單的話化解糾紛。陳樹屏在江夏任知縣的時候，清朝著名大臣張之洞在湖北做督撫，張之洞與撫軍譚繼洵關係不太好。

一天，陳樹屏在黃鶴樓宴請張、譚二人。賓客裡有人談到江面寬窄問題，譚繼洵說

一個人在日常生活中，總是有各種各樣的立身為人的原則，一旦別人觸犯了自己的這些原則，很多人便會怒不可遏、火冒三丈，最終被心中的怒火沖昏了頭腦，不但傷害了別人，還傷害了自己。

容易生氣甚至發怒是人的一個普遍特徵，殊不知，生氣和發怒正是一些人生病或者失去生命的重要原因。一個人要想生活得幸福、安然、自在，必須擺脫「嗔」的困擾。

下雨了，大家都匆匆忙忙往前跑，唯有一人不急不慢，在雨中踱步，旁邊跑過的人十分不解：「你怎麼不快跑？」此人緩緩答道：「急什麼，前面不也在下雨嗎？」從這個角度看，當人們在面臨風雨匆忙奔跑之時，那個淡然安定欣賞雨景的人，其實深諳從容的生活智慧。

在現代都市競爭的人性叢林中，從容淡定是一種難以達到的大境界：別人都在杞人憂天、慌不擇路，只有他鎮定從容。

沮喪的面容、苦悶的表情、恐懼的思想和焦慮的態度是你缺乏自制力的表現，是你不能控制情緒的表現。它們是你的敵人，你要把它們拋到九霄雲外。面對得意和失意都能從容面對，這樣才算達到了一種境界。

逆境可鍛造強者自救的武器

慢情緒關鍵字

你可以放棄，但不是今天。

EQ研究學者們經過長時間的跟蹤調查發現，高EQ的人與低EQ的人相比較，並不是高EQ的人不會失敗，或者說沒有遇到人生的困境，而是他們在面對苦難時，所表現出的態度和勇氣與EQ不高的人不同。

EQ高的人在遇到巨大的苦難和挫折時也會悲傷、失望，甚至絕望，但他們最可貴的地方在於能夠戰勝消極情緒，從灰暗的歲月中走出來。

奧地利作曲家舒伯特說：「只有那些能安詳忍受命運之泰者，才能享受到真正的快樂。」當我們處於不可改變的境遇時，只有勇敢面對，才是求得快樂寧靜的最好辦法。

一個內心充滿陽光的人，心情樂觀開朗，他的人生態度是積極的，不管在工作中還是在生活上，都能很好地完成任務，因此這類人在這段時間裡自我價值的實現也就相對比較多，而自我價值實現得越多，自我肯定的成就感也就越多，這樣就能擁有一個好的心情，形成一個良性循環。相反，一個心情陰暗的人悲觀、抑鬱，整天愁眉苦臉地面對生活，不管做什麼事情都不積極，甚至錯誤百出，那麼他的自我價值就會實現得越來越少，自我否定的因素就會增加，使心情更加消極抑鬱，成了一個惡性循環。

《易經》曰：「天行健，君子以自強不息。」有時候，我們無奈於生命的長度，但是要記住，堅強能夠讓我們選擇生命的寬度與厚度。

應該說每一個成功者本身就寫了一部偉大的勵志書，因為沒有任何人天生就是上帝的寵兒。沒有一帆風順的人生，只有不斷戰勝苦難的人，才能尋找到成功之門的鑰匙。

海明威說：「人只能被消滅，但不能被打敗！」

喬尼・埃雷克森・塔達（Joni Eareckson Tada）也是這麼一位不平凡的人，她用自己的經歷向人們展示了戰勝苦難的堅強意志。

一九六七年夏天，美國跳水運動員喬尼・埃雷克森・塔達在一次跳水事故中身負重傷，除了脖子之外，全身癱瘓。喬尼哭了，她躺在病床上夜不成寐。她怎麼也擺脫不了那場噩夢：為什麼跳板會打滑？為什麼她會恰好在那時跳下？不論家人和親友們如何安慰她，她總認為命運對她實在不公平。

喬尼曾經絕望，但後來，她拒絕死神的召喚，開始冷靜思索人生的意義和生命的價值。她借來許多邁向成功的書籍，一本一本認真讀了起來。她雖然雙目健全，但讀書也是很艱難的，只能靠嘴銜根小竹片去翻書，勞累、傷痛常常迫使她停下來。休息片刻後，她又堅持讀下去。透過大量的閱讀，她終於領悟到：我已經癱瘓了，我將告別跳水台，而且是永遠！但人生就是要接受一些無法改變的事，並且我還可以做點別的。

有許多人即使身體受到了巨大的摧殘，卻在另外一條道路上獲得了成功，他們有的成了作家，有的創造了盲文，有的創造出美妙的音樂……為什麼不能？喬尼想到了自己中學時代曾喜歡畫畫，自己為什麼不能在畫畫上有所成就呢？

這位纖弱的姑娘變得堅強起來，變得自信起來。她重拾起了中學時代曾經用過的畫筆，用嘴銜著，開始練習畫畫。

那是一個多麼艱辛的過程啊！用嘴畫畫，她的家人連聽也未曾聽說過。他們怕她不成功而傷心，紛紛勸阻她：「喬尼，別那麼死心眼了，哪有用嘴畫畫的，我們會養活你的。」可是，他們的話反而堅定了她學畫的決心，「我怎麼能讓家人養我一輩子呢？」

好些年頭過去了，她的辛勤勞動沒有白費，她的一幅風景油畫在一次畫展上展出後，得到了美術界的好評。而這時，喬尼又想到要學文學。她的家人及朋友們又勸她了：「喬尼，你繪畫已經很不錯了，還學什麼文學，那會更苦了你自己的。」喬尼是那麼倔強、自信，她沒有說話，她想起一家刊物曾向她邀稿，要她談談自己學繪畫的經過和感受，她花了很大力氣，可稿子還是沒有寫成，這件事對她刺激太大了，她深感自己寫作水準差，必須一步一步來。這是一個很美的夢，喬尼要圓這個夢。一九七六年，她的自傳《喬尼》（Joni: La Inolvidable Historia De La Lucha De Una Joven Contra La Cuadriplejia Y La Depresion）出版了，轟動文壇，她收到了數以萬計熱情洋溢的信。兩年又過去了，她的《再前進一步》（A Step Further: growing closer to God through hurt and hardship）一書又問世了，在書中喬尼以自己的親身經歷告訴殘疾人應該怎樣戰勝病痛，立志成才。這本書搬上銀幕，影片的主角由喬尼自己扮演，她成了青年們的偶像，成了千千萬萬個青年人自強不息、勇於戰勝困境的榜樣。

挫折與苦難隨時會找上我們任何一個人，我們不應被它們打倒、打敗，而是要把它們當作激勵我們前進的動力。面對困境時需要巨大的勇氣，有這種直面人生苦難的勇氣，才能有超越苦難、邁向成功的魄力。

放低姿態，體會「蹲下」的智慧

慢情緒關鍵字

柔軟與低調，是處事時明哲保身的大智慧。

所謂「蹲下」，也就是「低姿態」，講的是我們在社會交往中所表現出的平和、謙遜、圓融及忍讓等言行和情態。有些時候，這種低姿態對於保護自我及既得利益不受損失是必不可少的。

在秦始皇陵兵馬俑博物館，一尊被稱為「鎮館之寶」的跪射俑前總是有許多觀賞者駐足，他們為跪射俑的姿態和寓意而感嘆。導遊介紹說，跪射俑被稱為兵馬俑中的精華，中國古代雕塑藝術的傑作。

仔細觀察這尊跪射俑：它身穿交領右衽齊膝長衣，外披黑色鎧甲，脛著護腿，足穿方口齊頭翹尖履。頭綰圓形髮髻。左腿蹲曲，右膝跪地，右足豎起，足尖抵地。上身微左側，雙目炯炯，凝視左前方。兩手在身體右側一上一下做持弓弩狀。

據介紹，跪射的姿態古稱之為坐姿。坐姿和立姿是弓弩射擊的兩種基本動作。坐姿射擊時重心穩、省力、便於瞄準，同時目標小，是防守或設伏時比較理想的一種射擊姿勢。秦兵馬俑坑至今已經出土清理各種陶俑一千多尊，除跪射俑外，皆有不同程度的損壞，需要人工修復。而這尊跪射俑是保存最完整和唯一一尊未經人工修復的兵馬俑，仔細觀察，就連衣紋、髮絲都還清晰可見。

跪射俑何以能保存得如此完整？這得益於它的低姿態。

首先，跪射俑身高只有一百二十公分，而普通立姿兵馬俑的身高都在一百八十至一百九十七公分之間。天塌下來有高個子頂著：兵馬俑坑都是地下坑道式土木結構建築，當棚頂塌陷、土木俱下時，高大的立姿俑首當其衝，而低姿的跪射俑受損害就小一些。其次，跪射俑做蹲跪姿，右膝、右足、左足三個支點呈等腰三角形支撐著上體，重心在下，增強了穩定性，與兩足站立的立姿俑相比，更不容易傾倒而破碎。

由跪射俑想到處世之道。初涉世的年輕人往往個性張揚，率性而為，不會委曲求全，結果可能是處處碰壁。而涉世漸深後，就知道了輕重，分清了主次，學會了內斂，能夠少出風頭、不爭閒氣、專心做事。就像跪射俑一樣，保持生命的低姿態，避開無謂的紛爭，避開意外的傷害，以求更好地保全自己、發展自己、成就自己。

低調做人是一個人步入社會後必備的自我保全手段。熙熙攘攘、名來利往的社會處處風雷激蕩，時時風雲變幻，只有甘於低調之人才能在時刻可能到來的風雨中更好地保全自己。

唐朝大將郭子儀一生活得風風光光，究其實質，得益於這四個字：低調做人。

功高權重的郭子儀，被宦官們視為眼中釘。代宗大曆二年十月，正當郭子儀領兵在靈州前線與吐蕃拚殺的時候，魚朝恩卻偷偷派人掘了他父親的墳墓。當郭子儀從涇陽班師回朝時，朝中君臣都捏了一把汗，怕他回來後不肯和魚朝恩善罷甘休，會鬧得上下不安。郭子儀入朝的那一天，代宗主動提了這件事，郭子儀卻躬身自責，說：「臣長期帶兵打仗，治軍不嚴，未能制止軍士盜墳的行為。現在，家父的墳被盜，說明臣的不忠不孝已得罪天地。」君臣們聽了，都由衷地佩服郭子儀坦蕩的胸懷。

郭子儀心裡明白，自己功勞越大麻煩就越大，就是當朝皇帝代宗，也會對自己有所顧忌，所以他處處謹慎小心。每次代宗給他加官晉爵，他都懇辭再三，實在推辭不掉，才勉強接受。

廣德二年，代宗要授他「尚書令」，他死也不肯接受，說：「臣實在不敢當！當年太宗皇帝即位前，曾擔任過這個職務，後來幾位先皇為了表示對太宗皇帝的尊敬，從來沒有把這個官銜授給臣子，皇上怎能因為偏愛老臣而亂了祖上規矩呢？況且，臣才疏德淺，已累受皇恩，怎敢再受此重封呢？」代宗沒法，只得另行重賞。

郭子儀爵封汾陽王，王府建在首都長安的親仁里。汾陽王府自落成後，每天都是府門大開，任憑人們自由進進出出，而郭子儀從不允許其府中的人對此加以干涉。

郭子儀所以讓府門敞開，因為他深知官場的險惡，他具有很高的政治眼光又有一定的德性修養，即使在自己功勳卓著的情況下，也始終保持低姿態，時時做好了準備以應付可能發生的危險。

做人不可驕傲自滿。有了成績便不可一世，眼中容不得任何人，就往往會成為人們攻擊的對象，所以，做人不管有多大的權勢和資本，都應該放下身架，保持低姿態為好。

我們生活的這個世界，充滿了機巧、險詐、說謊、欺騙、逞能、陰謀、鬥爭……面對這些，唯有放低姿態方能立得穩。

老子說，當堅硬的牙齒脫落時，柔軟的舌頭還在。柔弱勝過堅硬，無為勝過有為。我們學會在適當的時候保持適當的低姿態，絕不是懦弱和畏縮，而是一種聰明的處世之道，是人生的大智慧、大境界。

承認缺憾，沒有人是完美的

慢情緒關鍵字

事事追求完美，其實是一種愚拙。

每個人心中都有追求完美的衝動，當人對於現實世界的殘酷體會得越深，對完美的追求就會越強烈。這種強烈的追求會使人充滿理想，但這種追求一旦破滅，也會使人絕望。

世界上沒有任何事物是十全十美的，或多或少有瑕疵，我們只能盡最大的努力使它完美些。智者告訴我們，凡事切勿苛求，採取務實的態度，你會活得更快樂！

人生有所失才會有所得，放棄必須得到，我們才會解脫種種有形或無形的羈絆，打破種種思想上和行動的禁錮，甩掉「包袱」，進入最佳的狀態。

某個城市，有一天來了一個老人。這老人一看便知是來自遠方的旅人，他背著破舊不堪的背包，臉上佈滿風霜，鞋子因為長期行走已經破了好幾個洞。老人的外表雖然狼狽，但一雙眼睛炯炯有神，不論是行走或躺臥，他總是仔細而專注地觀察來來往往的人。人們竊竊私語：這不是普通的旅人，他一定是個特殊的尋找者。但是，老人到底在尋找什麼？一些好奇的年輕人忍不住問他：「您究竟在尋找什麼呢？」

老人說：「我像你們這個年紀的時候，就發誓要找到一個完美的女人，娶她為妻。直到現在都還沒有找到完美的女人。」

「您找了多久了？」年輕人問。

「找了六十多年了。」老人說。

「難道六十多年來都沒找到過符合條件的女人嗎？」

「有！世界上真的有完美的女人，我在三十年前曾經找到過。」老人斬釘截鐵地說。「三十年前的一個清晨，我真的遇到一個最完美的女人，她的身上散發著非凡光彩。她溫柔、善解人意、細膩而體貼、善良而純淨，她天真而莊嚴，她……」老人邊說邊陷進回憶。

年輕人更著急了：「那麼，您為什麼不娶她為妻呢？」

老人憂傷地流下眼淚，說：「我立刻向她求婚，但是她不肯嫁給我。因為她也在尋找這個世界上最完美的男人！」

在這個世界上，完美是最美好的，那些知道自己有缺點的人往往會感到慚愧，也會更加努力，希望能夠使自己成為完美的人。

也有人認為做事精益求精就是講究完美的心態，其實大錯特錯。精益求精是一種對自己、他人、工作負責的態度；而完美有時表現得是不近乎常理，不切實際，容易產生壓力感——因為任何人都懂得所謂的完美其實不存在。

過分苛求完美只會帶給自己終身遺憾，缺憾美才是人生的主旋律。

張愛玲在她的小說《紅玫瑰與白玫瑰》中寫了男主角佟振保的愛戀，同時也一針見血地道破男人的心理，點破了他們完美之夢破滅的本質：白玫瑰有如聖潔的戀人，紅玫瑰則是熱情的戀人。娶了白玫瑰，久而久之，會變成胸口的一粒白米飯，而紅玫瑰則有如胸口的硃砂痣；娶了紅玫瑰，年復一年，則變成蚊帳上的一抹蚊子血，而白玫瑰則彷彿是床前明月光。

古希臘哲學導師蘇格拉底的三個弟子曾求教老師，怎樣才能找到理想的伴侶。蘇格拉底沒有直接回答，而是讓他們走過麥田埂，只許前進，而且僅給一次機會，選摘一枝最完美的麥穗。

第一個弟子走了幾步便看見一枝又大又漂亮的麥穗，高興地摘下了。但是他繼續前進，發現前面有許多比他摘的那枝更大更飽滿的，但他只能遺憾地走完全程。

第二個弟子吸取了教訓，每當他要摘時，總是提醒自己，後面還有更好的。當他快到終點才發現，機會全都在猶豫中錯過了。

第三個弟子吸取了前兩位的教訓，當他走到三分之一時，即分出大、中、小三類，再走三分之一時驗證是否正確，等到最後三分之一時，他選擇了屬於大類中的一枝美麗的麥穗。雖說，這不一定是最大最美的，但他已經心滿意足地走完全程了。

事實是，麥田裡與我們的人生途中，根本就沒有真正的「最大最美」，人們要學會不對自己、他人苛求完美。我們都應該學著欣賞缺憾美，否則將被完美主義累壞了身心。

一個圓環被切掉了一角，圓環想使自己重新完整起來，於是到處去尋找丟失的那一角。由於它不完整，因此滾得很慢，它欣賞路邊的花兒，它與蟲兒聊天，它享受陽光。它發現了許多不同的小角，可沒有一塊適合它。

於是它繼續尋找著。終於有一天，圓環找到了非常適合的小角，它高興極了，將那小角裝上，然後滾了起來，它終於成為完美的圓了。它滾得很快，以致無暇注意花兒或和蟲兒聊天。當它發現飛快的滾動使得它的世界再也不像以前那樣時，它停住了，把那一小塊又放回到路邊，緩慢地向前滾著。

在這個世界上，完美有時也是可怕的，如果你每做一件事都要求務必完美無缺，便會因心理負擔的增加而不快樂。事實上，人生的很多不幸皆由追求完美而導致。完美是一座心中的寶塔，你可以在心中嚮往它、塑造它、讚美它，但切不可把它當作一種現實存在，否則你將陷入無法自拔的矛盾之中。

自信的態度決定人生的高度

慢情緒關鍵字

屬於內在的自信會給予自己力量，但不用靠外界證明。

研究EQ的學者做過這樣的實驗：他們從一班大學生中挑出一個最愚笨、最不招人喜愛的姑娘，要求她的同學改變以往對她的看法，努力打心眼裡認定她是位漂亮聰慧的女孩。不到一年，這個女孩便奇蹟般地出落得漂亮起來，氣質也同以前的她判若兩人。她對人們說，她獲得了新生。其實，她並沒有變成另外一個人，只是在她身上展現出了她所蘊藏的美——這種美只有在強烈的自信心的作用之下，才會展現出來。

美國哲學家羅爾斯（John Rawls）曾說過：所謂信心，就是我們能從自己的內心找到一種支援的力量，足以面對生或死所給我們的種種打擊，而且還能善加控制。凡是能找到這種力量的人，必是非常快樂。

成功人士與失敗者之間的差別是：成功人士始終用最積極的思考、最樂觀的精神和最輝煌的經驗支配和控制自己的人生。信念和想像力的強弱是阻止人們內心無限發展的唯一限定。

有一次，一個士兵騎馬給拿破崙送信，由於馬跑得速度太快，在到達目的地之前跌了一跤，那馬就此一命嗚呼。拿破崙接到信之後，立刻寫了封回信，交給那個士兵，吩咐士兵騎自己的馬，快速把回覆信件送回。

那個士兵看到那匹駿馬身上裝飾得無比華麗，便對拿破崙說：「不，將軍，我這樣一個平庸的士兵，實在不配騎上這匹華美強壯的駿馬。」

拿破崙回答道：「世上沒有一樣東西，是法蘭西士兵所不配享有的。」

日常生活中，一個人只要有自信，他就能成為他所希望成為的人。自信是一種天賦，天下沒有一種力量可以和它相提並論。信心可以移動巨大的山峰。有信心的人，什麼都難不倒他。他會遭遇挫折危難，但他不會灰心喪氣。幾乎每個人都曾一度喪失信心，但如果他有智慧，便能找回信心。自信的態度決定人生的高度。

有些人總喜歡說，他們現在的境況是別人造成的。環境決定了他們的人生位置。實際上，我們的境況不是周圍環境造成的。說到底，如何看待人生，由我們自己決定。

沒有自信，人們便失去成功的可能。

自信的態度在很大程度上決定了我們的人生：我們如何對待生活，生活就如何對待我們；我們怎樣對待別人，別人就怎樣對待我們；我們在一項任務剛開始時的態度決定了最後有多大的成功，這比任何其他因素都重要；人們在任何重要組織中越是有信心，就越能達到最佳的位置……

人的地位成就，取決於支配他的思想，消極思維最容易造就被消極環境束縛的人。成功之路是信念與行動之路。堅強的自信，是偉大成功的源泉。不論才幹大小，天資高低，成功都取決於堅定的自信心。

培養起自己對事業的必勝信念，並非意味著成功便唾手可得。自信不是空洞的信念，它是以學識、修養、勤奮為基礎的，缺乏自信則是以無知為前提的。前者令人肅然起敬，後者受人嘲諷。

俄國大文豪托爾斯泰（Leo Tolstoy）曾說：「人不能拒絕最基本的信心，對之加以重視。因為信心會影響自己的心靈，刺激積極的衝動，使自己最崇高的天性不遭受可悲的傷害。那些喜歡疑慮嘲諷的人，他們的心靈一定有毛病。自信與驕傲僅僅一步之遙，驕傲是盲目的，自信是清醒的；驕傲更多的是留戀於已有的，自信則主要關注未來。」與金錢、勢力、出身、親友相比，自信是更有力量的東西，是人們從事任何事業的可靠資本。自信能排除各種障礙、克服種種困難，能使事業獲得完滿的成功。但是光有自信心還不夠，更須使自信心變得堅定，那麼即使遇著挫折，也能不屈不撓，絕不會因為一時的困難就退縮。

自信是一個人戰勝恐懼的渴望。自信就是我們對自己的成長能力抱有信心。我們應當像自己期望的那樣成長起來，但是我們又總是怕這怕那。其實最值得恐懼的事情不是別的，而是恐懼本身，所以自信是在戰勝恐懼中獲得的。你只要留意一下，就會發現自信不是與生俱來的，自信需要培養。可是，有些人總是夢想不付出代價就獲得自信，就如妄想不勞而獲一樣。如果我們能把握住自己最崇高的信心，而且追隨那深沉的信心，那麼即使我們躋身於醜惡的環境，信心仍能支持我們。所以，EQ研究專家告訴我們：不管何時，請為自己鼓掌。

測驗

你的自制力如何？

測驗說明：

下列各題中，每題有五個備選答案，根據你的實際情況，選擇一個最適合你的答案：A.很符合自己的情況；B.比較符合自己的情況；C.介於符合與不符合之間；D.不大符合自己的情況；E.很不符合自己的情況。

1. 我很喜歡長跑、遠足、爬山等體育運動，但並不是因為我的身體條件適合這些項目，而是因為這些運動能夠鍛煉我的體質和毅力。
2. 我給自己訂的計畫，常常因為主觀原因不能如期完成。
3. 一般來說，我每天都按時起床，不睡懶覺。

4.我的作息沒有什麼規律性，經常隨自己的情緒和興致而變換。
5.我信奉「凡事不做則已，做則必成」的信條，並身體力行。
6.我認為做事情不必太認真，做得成就做，做不成便罷。
7.我做一件事情的積極性，主要取決於這件事情的重要性，即該不該做；而不在於對這件事情的興趣，即想不想做。
8.有時我躺在床上，下決心第二天要做一件重要事情，但到第二天這種勁頭又消失了。
9.在工作和娛樂發生衝突的時候，即使這種娛樂很有吸引力，我也會馬上決定去工作。
10.我常因讀一本引人入勝的小說或看一齣精彩的話劇而忘記時間。
11.我下決心辦成的事情（如練跑馬拉松），不論遇到什麼困難（如腰痠腿疼），都會堅持下去。
12.我在學習和工作中遇到了困難，首先想到的就是問問別人有什麼辦法。
13.我能長時間做一件事情，即使它枯燥無味。

14. 我的興趣多變，做事時常常是這山望著那山高。
15. 我決定做一件事時，說做就做，決不拖延或者落空。
16. 我辦事喜歡挑容易的先做，難做的能拖則拖，實在不能拖時，就抓緊時間匆匆做完，所以別人不大放心讓我做難度大的工作。
17. 對於別人的意見，我從不盲從，總喜歡分析、鑑別一下。
18. 凡是比我能幹的人，我不大懷疑他們的看法。
19. 我喜歡遇事自己拿主意，當然也不排斥聽取別人的建議。
20. 生活中遇到複雜情況時，我常常舉棋不定，拿不定主意。
21. 我不怕做我從來沒有做過的事情，也不怕一個人獨立負責重要的工作，我認為這是對自己很好的鍛煉。
22. 我生來膽怯，沒有十二分把握的事情，我從來不敢去做。
23. 我和同事、朋友、家人相處時，很有克制能力，從不無緣無故發脾氣。
24. 在和別人爭吵時，我有時雖明知自己不對，卻忍不住要說一些過頭的話，甚至罵對方幾句。

25.我希望做一個堅強的、有毅力的人，因為我深信「有志者事竟成」。

26.我相信機遇，很多事實證明，機遇的作用有時大大超過個人的努力。

計分方法：

單數題號：A·記五分　B·記四分　C·記三分　D·記二分　E·記一分

雙數題號：A·記一分　B·記二分　C·記三分　D·記四分　E·記五分

各題得分相加，統計總分。

測試結果：

一百一十一分以上：自制力很強。

九十一至一百一十分：自制力比較強。

七十一至九十分：自制力一般。

五十一至七十分：自制力比較弱。

五十分以下：自制力很薄弱。

第4章

自我提升，轉化負面情緒

自己把自己說服了，是一種理智的勝利；自己被自己感動了，是一種心靈的昇華；自己把自己征服了，是一種人生的成熟。世界上最難攻破的不是那些堅固的城堡和雄偉的城牆，而是自己的心，這「心牆」阻擋了陽光的照射，禁錮了生命的盛放。

工作中，扔掉你不喜歡的「標籤」

慢情緒關鍵字

高情商的人無論在什麼處境與職位，都能展現非凡的感染力與魔法。

如果我們每天堅持盡最大的努力做好自己的工作，保持最佳的精神狀態，工作就不會是苦役，而變成愉悅的事。當你樂在工作，工作也將帶給你更多的成就感。

沒有平凡的工作崗位，只有平庸的工作態度。也許你曾因自己職位的低微而有過懷才不遇的感嘆；也許你曾因為自己崗位工作內容的煩瑣而失掉了工作的熱情，覺得整日在辦公室中度日如年；也許你曾因為自覺前途無望而逃避現有的工作責任，敷衍塞責，得過且過……

當你看過下面這位法國老人對待工作的感人態度後，或許你就可以發現工作的真諦，更加珍惜自己眼前的工作機會，充滿熱忱地對待自己的工作。

哈佛大學教授安東尼・羅賓（Anthony Robbins）同時也是一位著名的演說家。

有一次，他去巴黎參加研討會，開會的地點不在他下榻的飯店。他仔細地看了一遍地圖，發覺自己仍然不知道該如何前往會場所在的飯店，於是他便走到大廳的服務台，請教當班的服務人員。那位身穿燕尾服、頭戴高帽的服務人員，是位五、六十歲的老先生，臉上有著法國人少見的燦爛笑容，他儀態優雅地攤開地圖，仔細寫下路徑指示，並帶羅賓博士走到門口，對著馬路仔細講解前往會場的方向。

他的熱忱及笑容讓人如沐春風，他的服務態度徹底改變了安東尼原來覺得「法式服務」冷漠的看法。

在致謝道別之際，老先生微笑有禮地回應：「不客氣，祝您順利找到會場。」接著他補上一句，「我相信您一定會很滿意那家飯店的服務，因為那裡的服務員是我的徒弟！」

「太棒了！」安東尼・羅賓笑了起來，「沒想到您還有徒弟！」

「是啊，二十五年了，我在這個崗位已經工作二十五年，培養出無數的徒弟，而且我敢保證我的徒弟每一個都是優秀的服務員。」他的言語間流露出發自內心的驕傲。

「什麼?都二十五年了，您一直站在旅館的大廳啊?」安東尼不禁停下腳步，向他請教對這份平凡工作樂此不疲的祕密。

老先生回答：「我認為，能在別人生命中發揮正面的影響力，是一件很過癮的事情。你想想看，每年有多少外地旅客來到巴黎觀光，如果我的服務能幫助他們減少人生地不熟的膽怯，讓大家感覺像在家裡一樣，因此有個愉快的假期，這不是很令人開心嗎?我的工作如此重要，許多外國觀光客因為我而對巴黎有了好感。所以我認為，自己真正的職業，其實是巴黎市地下公關局長!」老人眨了眨眼，爽朗地笑了。

安東尼．羅賓被老人的回答深深震撼，他從老人平靜樸實的言語中感受到一種不同尋常的力量，這種力量就是很多人能夠脫離平庸，實現從優秀到卓越的祕密所在。

所以，高EQ的人才告訴我們，沒有平凡的工作崗位，只有平庸的工作態度，如果你總是抱怨自己職位卑微，不喜歡自己的工作，看不到其中蘊含的機遇，那麼你永遠也走不出平庸的人生。

內在的選擇，決定了生命出路

慢情緒關鍵字

走不出自己的觀念，到哪裡都是囚徒。

一位哲人說出一個極容易被忽視的祕密：「世界上沒有跨越不了的事，只有無法逾越的心。」EQ研究專家告訴我們，心中有「牢籠」，是你在與自己為敵，試問，這樣的人生如何能開放，怎麼可能幸福？要想取得傲人的成績，關鍵在於衝出「心理牢籠」，不再與自己為敵。

我們的放不開，我們的不能原諒，我們的任性或沒有緣由的執著，這一切最終到底對誰造成影響？答案是我們自己。

一位苦命人向和尚傾訴他的心事。

他說：「我放不下一些事，放不下一些人。」

和尚說：「沒有什麼東西是放不下的。」

苦命人說：「這些事和人我偏偏就放不下。」

和尚讓他拿著一個茶杯，然後往裡面倒熱水，一直倒到水溢出來。

苦命人被燙得立刻鬆開了手。

和尚說：「這個世界沒有什麼事是放不下的，痛了，你自然就會放下。」

苦命人認為是那些「放不下」和自己過不去，其實是他自己跟自己過不去，是他創造了那些「放不下」。很多時刻，人們都認為只有別人才是自己的敵人，勝利或失敗都可以看作是人生不可躲避的運程，但其實，很多時候敵人是我們自己：自己的侷限，自己視野的淺薄與狹隘，自己見識的短淺……

有一個女孩穿著乾淨的鞋子，踮著腳尖小心翼翼地走在泥濘路上，為了保持鞋子乾淨，她走走停停，特意挑比較高硬的地面。可是一不小心，她還是踩到爛泥裡，乾淨的鞋子霎時髒了一片。她懊惱極了，於是索性兩腳隨意踩在泥路上，迅速離去。

既然髒了，那麼就讓它更髒；既然壞了，那麼就毀了它吧！其實，我們內心深處，多少都隱藏了一些「自毀」的傾向，這種內在情緒的衝動常常會驅使一個人做出不利於自己發展的事情，無意中，自己就幫自己樹敵了。

其實每個人都有失意時，經濟窘迫、錯失愛情、事業不順等，面對這種情況，我們可以有兩種選擇：有些人整天長吁短嘆，認為自己無可救藥，就此頹廢不振，結果一切變得更加暗淡和閉塞，人生變得悲涼；然而愛自己的人，則會一笑置之，從頭開始，堅持不懈，生活越來越精彩，因為他們不想與自己為敵。

一個人在他二十五歲時遭人陷害，在牢房裡待了十年。後來沉冤昭雪，終於走出監獄。出獄後，他開始數十年如一日的反覆控訴、咒罵：「我真不幸，在年輕有為的時候遭受冤屈，在監獄度過本應最美好的一段時光。監獄簡直不是人居住的地方，狹窄到連轉身都困難，唯一的小窗子幾乎看不到陽光；冬天寒冷難耐，夏天蚊蟲叮咬……真不明白，上帝為什麼不懲罰那個陷害我的傢伙，即使將他千刀萬剮，也難解我心頭之恨啊！」

七十五歲那年，在貧病交加中，他終於臥床不起。彌留之際，牧師來到他的床邊：「可憐的孩子，去天堂之前，懺悔你在人世間的一切罪惡吧……」

牧師的話音剛落，病床上的他聲嘶力竭地叫喊：「我沒有什麼需要懺悔，我需要的是詛咒，詛咒那些造成我不幸命運的人……」

牧師問：「你受冤屈在監獄待了多少年？離開監獄又生活了多少年？」他惡狠狠地將數字告訴了牧師。

牧師嘆了一口氣，說：「可憐的人，你真是世上最不幸的人，對你的不幸，我真的感到萬分同情和悲痛！他人囚禁你區區十年，當你走出監牢本應獲取永久自由，可是你卻用內心的仇恨、抱怨、詛咒又囚禁自己整整四十年。」

五十年的痛苦生活，他一直認為別人陷害自己，覺得全世界都對不起他，可是他從沒想過，這悲慘落魄的一生，最大的敵人就是他自己。自我設限讓他在生活各個層面都上了一把鎖，他不只是在監獄待十年，而是用他的心為自己堆砌了一道堅硬的牆壁，這道「心牆」阻擋了陽光的照射，也禁錮了他生命的盛放。

別跟自己過不去，是一種精神的解脫，它會促使我們從容選擇自己的路，做自己的事。這既是對自己的愛護，也是對生命的珍惜。一個人快樂，不是因為他得到的比較多，而是因為他計較得少；一個人痛苦，不是因為他擁有太少，而是因為他欲望太多。

靜下心來仔細想想，生活中的許多不如意，並不是來自你的能力不強，恰恰是因為你的願望不切實際。任何事都有一個度，超過這個度，很多事就可能變得極其荒謬。所以我們應時常反省自己，讓內心保存一份悠然自得。這樣，我們就不會再跟自己過不去，也不會再責備和怨恨自己。因為，我們盡力了。

凡事別跟自己過不去，永遠保持對生活的美好認識和執著追求，學會享受生活，才能做到更加珍惜生活，積極創造生活。這樣，生活才會有奇蹟出現。

「自己把自己說服了，是一種理智的勝利；自己被自己感動了，是一種心靈的昇華；自己把自己征服了，是一種人生的成熟。」不要再與自己為敵，當幸福向你伸出雙手的時候，你不要把自己的手藏在背後，不敢和幸福擊掌。

好運氣，實力與機遇的必然結果

慢情緒關鍵字
改變命運的祕密絕非幸運，而是做好準備。

運氣是我們做事情成功的一個因素，但是將它視為決定性的因素，未免有點本末倒置了。毫無疑問，任何人成功都是以實力為基礎的，沒有實力的人，機會來臨亦是枉然。如果你一定要做一個「幸運論者」，那首先要放棄自己以往對幸運的誤解——幸運不是偶然的，不可捉摸的極小機率，而是一種好的運氣，最重要的是，這種運氣不是別人帶來給你的，而是對你自己好的靈魂、好的情感和好的行為的一種合理的配置。

好的靈魂是要相信本性，好的情感是要有一個善心，好的行為是你做出了符合宇宙本性的行為，只要這三者有效結合，那麼幸運就會不請自來。

證明這種理論最主要的一條就是：我們一生中的所作所為，有善有惡，不好的行為必然會導致不好的結果，而好的行為也自然會帶來好的結果。當一個人做了好事或做了壞事之後，心裡就會留下一種影像。做壞事的人一天到晚不得安寧，做好事的人心安理得。也就是說，當一個人做好事或做壞事的時候，這種行為會折射成影子，回歸到他自身的思維裡。當我們做好事或做壞事的時候，就種下了善或惡的種子。

此外，善惡的行為還會產生不同的社會效應。當我們傷害一個人，對方往往不是受到傷害就完事了，他會懷恨在心，甚至等待機會報復，一旦因緣成熟，內心的種子跟客觀條件產生感應，惡果成熟，厄運就會發生了。

我們總是抱怨自己不夠幸運，事實上，我們只要順乎自然本性，做人該做的事情，幸運自然就會來臨。

有個旅人走在漆黑的路上，因為路太黑，他被行人撞了好幾下。他繼續向前走，看見有人提著燈籠向他走過來，這時候旁邊有人說：「這個瞎子真奇怪，明明看不見，卻每天晚上打著燈籠！」

旅人被那個人的話吸引了，等那個打燈籠的人走過來，他便上前問道：「你真的是盲人嗎？」那個人說：「是的，我一出生就沒見過一絲光亮，對我來說白天和黑夜是一樣的，我甚至不知道燈光是什麼。」

旅人迷惑了，問道：「既然這樣，你為什麼還要打燈籠呢？是為了迷惑別人，不讓人說你是盲人嗎？」

盲人說：「不是。我聽別人說，每到晚上，人們都變成和我一樣，因為夜晚沒有燈光，所以我就在夜裡打著燈籠出來。」

旅人回道：「你的心地真好呀！原來你是為別人！」

盲人回答說：「不是，我是為了自己！」

旅人更迷惑了，問道：「怎麼說呢？」

盲人答道：「你剛才走過來的時候有沒有被人碰撞過？」

旅人說：「有呀，就在剛才，我被兩個人撞到。」

盲人說：「我是盲人，什麼也看不見，但我從來沒有被人撞倒。因為我的燈光不但照亮了別人，也讓別人看到我，這樣他們就不會因為看不見我而撞倒我了。」

盲人行善，真正受惠的是他自己。所以在佛教中，有因果效應——善有善報，惡有惡報。如果我們看到一個人偶爾走好運，那可能是他的善行吸引來的好運剛好發生在了他的身上；如果一個人長期走好運，總是比別人順利，他一定是一個經常行善的人，在一個幸運的輪迴中循環，而我們不過是看到了他獲得幸運，沒有看到他行善、勤勞、執著付出的過程罷了。

得到幸運的方法主要有以下幾個方面：

第一，孝順父母：做兒女的要孝養、順從，令父母歡喜、安慰；

第二，敬重師長：做學生的要敬重師長，接受教導；

第三，愛護家人：做一個好助手，與親人之間互相敬愛；

第四，善待朋友：對待朋友要誠實、互敬；

第五，善待身邊的人：對待他人要寬容，儘可能讓他人感到愉悅。

同時，這五種人是我們生活中心的人物，和他們相處得和睦，會有快樂的家庭與美滿的人生。

一個人在社會環境中生存，必須順乎本性，學會與他人相處，才能平穩地在社會中立足，而一個人若總是做一些違背本性的行為，就不可能有幸運可言。

見解獨到，不創新即死亡

慢情緒關鍵字

弱者等待時機，強者創造時機。

二十一世紀是以創造和創新為顯著標誌的時代。「不創新，即死亡」已經成為很多精英人士的座右銘。對剛剛踏進社會的人來說，提升自己的創新思維和創新能力，創造性地開展工作，是在競爭中獲勝的關鍵。在世界頂尖的企業中，你會發現那些得到升遷的精英人士不是成績最好的學生，而是有創新能力和知識更新能力的學生。

在知識經濟的時代，創新是主題，香港富豪李嘉誠被記者問到：為什麼幾十年的成功積累還不如比爾・蓋茲的幾年暴富？李嘉誠在感慨「後生可畏」的同時，也承認比爾・蓋茲掌握了這個年代最重要的資源：創新精神。

每個企業都會希望有踏踏實實工作的人，還希望有勤於用腦、思路開闊、能創新開創新氣象的人。創新素質和創造性工作能力越來越被社會和企業所青睞。有人說，一九八〇年代，重要的是文憑；九〇年代，重要的是經驗；二十一世紀則賦予創新為至高無上的價值，最受歡迎的將是有創新潛質的員工，特別是在網路、廣告、策劃、諮詢、金融等知識密集型行業，最重要的是創新精神和創造性的工作能力。

商業奇才身家達數億英鎊的超級女富豪安妮塔．羅蒂克（Anita Roddick）創辦知名保養品牌《美體小舖》（The Body Shop）之前，是個喜歡冒險的嬉皮份子，她嘗試過許多種職業，做過不少生意，但都失敗了。

某天，她與男友聊天之時，突然產生一個神奇的念頭：為什麼我不能像賣雜貨和蔬菜那樣，用重量或容量的計算方式來賣化妝品？為什麼我不能賣一小瓶面霜或乳液——將化妝品大部分成本花在精美包裝上，以此來吸引消費者？

安妮塔是那種想做就做的人，於是她開始按照這個想法來運作。結果，她成功了。

在職場裡，你越有創新能力，你就越有核心競爭力；你的觀點和想法越多，你的能力就越強，成功的可能性也就越大。

企業作為一個經營運作體，靠獲得利潤來維持發展，每一家公司都需要用常新的眼光關注這個世界的動態，以便採取相應的措施，謀求拓展。只有不斷創新，公司才能跟得上時代的步伐，才能得到發展；不創新，企業就沒有生命力。因此，公司的每個職員都應是創新之人。

職員傑西是公認的勤奮員工，年年工作量都名列前茅，可是兩次晉升的名單中都沒有他。先後提升的兩個同事資歷沒他資深，工作量也比他少，不用說，他心裡當然不服，其他同事也為他憤憤不平。

公司經理知道後和他們討論了自己的看法：他認為傑西雖然工作態度很好，踏實肯幹，但是從無創意，在市場變化環境中，只有踏實肯幹是不夠的，思想古板只會使個人與企業發展停滯不前，這樣最終只會被淘汰出局。

創新不容易。首先，創新意味著改變，所謂推陳出新，無不訴說著一個「變」字；其次，創新意味著付出，因為沒有不斷付出心力是不可能有改變，這就是創新者的付出；

最後，創新意味著風險，從來都說一分耕耘一分收穫，而創新的付出可能收到的是失敗的回報。因此創新確實不容易，所以人們總是在創新前面加上「鍥而不捨」、「努力不懈」之類的形容詞。

因為創新不容易，所以創新成為人才的一大特徵，也就有了創新人才的問題。那麼，創新人才除了專業知識及技能外，要具備什麼特質呢？

首先，要有自信，相信自己有能力改變；其次，要有激情，為實現目標不懈奮鬥；再次，要擔責任，控制失敗風險和勇於承擔失敗後果。

多年前，日本帝國大學化學教授池田菊苗，在回家吃菜喝湯時不覺一怔，連忙問妻子：「今天這碗湯怎麼這麼鮮美？」接著用湯杓在湯裡攪動了幾下，只發現湯裡除了幾片黃瓜以外，還有一點海帶。他以科學家特有的機敏和興趣，對海帶進行了詳細的化學分析。經過半年時間的研究，他發現海帶中含有一種物質——麩胺酸鈉，並給它取了一個雅致的名字——「鮮味umami（うま味）」。後來他又進一步發明了用小麥、脫脂大豆為原料提取麩胺酸鈉的辦法，為味精的製造開拓了廣闊的前景。

剛剛參加工作的年輕人，經常認為「既然我是小職員，領導者說什麼就是什麼，越聽話領導者越喜歡，越沒有腦筋，簡單甚至愚蠢，領導者才越賞識自己」。其實這是錯誤的，如果你在領會領導者意圖的過程中沒有任何創造精神，你在工作上沒有任何主動精神，那麼久而久之，開明的企業領導者是不會喜歡你的。更深一步地來說，領導者喜歡你和重用你是兩回事，領導者離不開你和提拔你也是兩回事，如果你要得到領導者的重用，就要創造性地完成領導者交辦的各項任務。

這個當代，在完成任務的過程中一定要發揮自己的主動性、創造性，必要的時候可以進行一些變通，要善於並敢於變通，以免該斷不斷，坐失良機。領導者往往喜歡那些「領導者想得到的他能做到，領導者沒想到的他也能辦到」的下屬，但領導者賞識的善變絕非亂變，要變得合理、變得有據、變得有效。

好形象是人生的一種資本

慢情緒關鍵字

壞心情貶低了我們的形象，降低了我們的能力，擾亂了我們的思維，從而輸給了自己。

同樣是人，有的人瀟灑自信，人見人愛，有的人懷才不遇，無人賞識；有的人展現真我，活出精彩，也有些人怨天尤人，潦倒度日。為什麼同樣的人生，卻有不同的境遇、不同的結果？

EQ研究專家告訴我們，每個人都想追求完美的人生，但很少有人真正去注意自己的社交形象。這種形象不僅僅只是儀表的修飾，更是溫和圓融性格的展現、積極樂觀的心態，以及溫文儒雅的修養帶給人的影響力。

一個注意形象並自覺保持好形象的人，總能在人群中得到信任，總能在逆境中得到幫助，也必定能在人生的旅途中不斷找到發揮才幹的機會，最終做到時刻用自己的魅力影響別人，活出真正精彩的人生。

根據西方學者亞伯特・馬伯藍比（Albert Mebrabian）教授研究出的「七／三十八／五十五」定律，旁人對你的觀感，只有百分之七取決於你談話的真正內容；而有百分之三十八在於輔助表達這些話的方法，也就是語氣、手勢等；有百分之五十五是取決於你外在的形象，可見外表是內在與外界溝通的橋樑。

所以，好形象是人生的一種資本，充分利用它不僅能給你的日常生活添色加彩，更有助於提升你的影響力。

我們每個人的形象都是獨一無二的。別人從我們的形象中獲取對我們的印象，而這個印象又影響他們對我們的態度和行為。同時，每個人都在這個最基本的互動過程中追逐自己人生的夢想，實現生命的價值。良好的形象有助於人際關係的促進，營造和諧的氣氛，有助於你左右逢源，無往不利喔。

紅頂商人胡雪巖曾經面臨一次生意上很大的危機，他在上海新開的商行遭到當地商人的聯合擠兌，不久就波及到大本營杭州了。一些大客戶生怕胡雪巖垮臺，聞風而動，都準備中止和他的生意往來。

這天胡雪巖從上海回來了，客戶們悄悄躲在暗處察看，估計會看到胡雪巖灰頭土臉的樣子。結果他們看到的仍舊是衣甲鮮亮、精神抖擻的胡雪巖。

他們還不放心，又跟蹤胡雪巖到他的商行。他們認為胡雪巖會暫停生意進行整頓。可是胡雪巖的商行不僅沒有關閉，他還親自坐鎮，在櫃檯旁悠然自得地喝茶。這種情況令客戶們糊塗了，他們不相信一個人遭受這麼大的打擊，卻還能夠如此鎮定從容。最終，胡雪巖的氣度征服了他們，他們對胡雪巖恢復了信心。

其實，當時胡雪巖的處境確實已是山窮水盡，而他就是憑藉自己堅忍自信的形象，控制住了局面，也重新獲得了信任。

有人說：「形象是一個人的招牌，壞形象會毀了你一生，而好形象可以令你的影響力迅速提升。」認真的樹立自己的好形象，就好比為自己的人生打造一個正字招牌，能令你在風高浪險的生命歷程中從容地成就你的自在人生。

挫折中，慢情緒會帶動你的恢復力

慢情緒關鍵字

一直窒礙你的，並不是你人生所遇到的挫折與後悔，而是那些沒有被好好救贖的情緒。

有人說：「老天爺不會給你跨不過的考驗。」老天爺因為知道你有能力克服，你辦得到，想要確定你有多想要做到這件事，所以才要為難你。在人生的岔道口面前，若你選擇了一條平坦的大道，你可能會擁有一個舒適而享樂的青春，但你可能失去一個很好的歷練機會；若你選擇了坎坷的小路，你的青春也許會充滿痛苦，但人生的真諦也許就此被你獲得。

有個漁夫擁有一流的捕魚技術，村民們都稱他為「漁王」。憑藉著捕魚所得，「漁王」積累了一大筆財富，然而「漁王」卻一點也不快活，因為他三個兒子的捕魚技術都差強人意。

他經常向人傾訴：「我真不明白，我捕魚技術這麼好，我的兒子們為什麼這麼差？我從他們懂事以來就不斷傳授捕魚技術給他們，從最基本的東西教起，告訴他們如何織網才容易捕捉到魚，怎樣划船最不會驚動魚，如何下網最容易『請魚入網』。他們長大之後，我又教他們怎樣識潮汐、辨魚汛……我辛辛苦苦總結出來的捕魚經驗，毫無保留地傳授給他們了，可是他們的捕魚技術竟然還不如其他漁民！」

一個老人聽了他的訴說後，問：「你一直持續教導他們嗎？」

「是呀，為了讓他們學會一流的捕魚技術，我教得很仔細、很有耐心。」

「他們一直跟隨你嗎？」

「是的，為了讓他們少走冤枉路，我一直讓他們跟著我學。」

老人接著說：「這樣說來，你的錯誤就很明顯了。你只是傳授給他們技術，卻沒有傳授給他們教訓，對於才能來說，沒有教訓與沒有經驗一樣，都不能使人成大器。」

人們往往把苦難看作人生中純粹消極的、應該完全否定的東西。可是，苦難不同於主動冒險，冒險有一種挑戰的快感，而我們忍受苦難總是迫不得已的。但是，人生中的苦難完全都是消極的嗎？並非如此。那些挫折和橫逆的苦難對人生不但不是消極，還是一種促進你成長的積極因素。如果一路都是坦途，那只能像漁夫的兒子那樣，淪為平庸之人。

如果你現在正在經歷這樣的折磨，你就該慶幸，因為命運給了你戰勝自我、自我提升的機會。人不能總停留在原地，要努力向前。或許你應該感謝折磨你的人，雖然他的本意並不是想讓你變優秀，但他可能是改變你人生的貴人。

對於生活中的各種折磨，我們應時時心存感激，只有心存感激，我們才會把折磨放在背後，珍視他人的愛心，才會享受生活的美好，才會發現世界原本有太多的溫情。心存感激，是一種人格的昇華，以平和的心態去努力工作與學習，使自己成為一個有益於社會的人。因此，感謝生命中出現的挫折，你就是在感恩命運。

停止抱怨！解除負面的吸引力法則

慢情緒關鍵字
我們體驗的人生，其實是內心與信念的鏡射成象。

在莎士比亞的作品、貝多芬的音樂、達文西的畫作、蘇格拉底及柏拉圖的哲學思考，都有吸引力法則的概念；在佛教、基督教、猶太教、印度教等宗教，吸引力法則也以不同的文字和故事出現；甚至在有五千多年歷史的古老經文中，也有關於它的語言。

你心裡最關注什麼事情，那件事情就會很容易來到你的生活中——這就是吸引力法則。

世間有很多事情都是遵循這一法則的。可能你會想：這世上的每個人都會希望自己擁有健康、財富及充實的生活，但為什麼真正實現的卻沒有幾個？

的確如此，很多人想要成為更好的自己，努力行動，卻一再受挫。難道吸引力法則有時候也會失效嗎？事實並非如此。如果我們真的專注於某事，那它發生的機率一定會大大提高。而大部分人之所以沒有辦法擁有他們所希望的美好生活，恰恰是因為他們不專注於擁有這些事物，而是專注於否定這些事物。

一個有錢的商人，他精明能幹，生意越做越大，擁有世上最大的店鋪，可是他卻沒辦法讓自己兒子快樂。看著兒子整天愁眉不展的樣子，他十分心疼，於是不惜重金尋找讓兒子快樂的辦法。商人的奴僕建議他讓兒子去很遠的地方尋找一位智者，或許能學到快樂的祕密。

商人同意了，他給兒子準備好行囊後，就讓這個一直被苦悶折磨的少年出發了。少年穿越沙漠，跋涉了四十多天，終於來到一座蓋在山頂上的美麗城堡。那是智者住的地方。

和很多人猜想的一樣，這位少年也以為自己將見到一個超凡脫俗、仙風道骨的修行高人，可是當他踏進城堡的大廳時，發現裡面鬧哄哄的，人們進進出出，還有人坐在角落聊天。智者正在和周圍的人閒談，似乎沒時間搭理這位少年。

少年想了一下，默默地站在角落，耐心等待。兩個小時之後，智者終於走到少年的面前。

「我不快樂，覺得沒有什麼事值得我快樂。」少年低聲說。

「哦，是這樣。可是我現在沒時間解釋快樂的祕密，你還是在我這裡四處逛逛，兩個小時之後我們再談吧。在你等待的這段時間，我要你做一件事。」智者給了少年一個湯杓，並在裡面倒上兩滴油。「當你出去閒逛的時候，一定要注意不要讓油流出來。」

「嗯。」少年答應了，他走出大廳，在城堡的四周繞了一圈。雖然周圍的風景不錯，但少年的眼睛絲毫不敢離開那兩滴油。兩個小時之後，他回到大廳找到了智者，將那個湯杓歸還智者。

「很好。現在我問你，你出去逛的時候，看見餐廳上掛著的那幅壁畫了嗎？你有沒有仔細觀察我精心布置的花園？有沒有注意到圖書館裡面有一張漂亮的羊皮紙？」

「沒有，您讓我注意湯杓裡面的油，所以我什麼也沒注意看。」

「那你再去欣賞一下這座城堡吧！」智者說，「你應該多多了解一下這城堡的佈局，才能更相信他的主人。」聽智者這麼說，少年放鬆了心情，開始認真探索這座城堡。他仔細看了天花板，欣賞了壁畫，也看過了花園。他發現，這裡真的是一個不錯的地方。等到再回到智者的身邊，少年將自己所看到的一切清楚描述了一番，話語間充滿了羡慕和欽佩之情。

「很好。這就是你想知道的快樂祕訣。」智者說：「當你把焦點放在湯杓裡的油，你就看不到周圍美好的事物。可是，當你把心靈的焦點放在周圍的景物，你就會發現很多美好的事物。快樂也是如此，當你關注在一些能夠讓你高興的事情，就不會覺得難過；相反地，你就會一直苦悶下去。」

少年平時感到不快樂，就是因為他把注意力放在讓他感到有負擔的事情上面，按照吸引力法則來說，他關注的重點是「不快樂」，自然就會有越來越多的「不快樂」匯集到他的身邊。

少年只是人群中的一個代表，很多人的不如意、不快樂、不幸運、不富有，往往都是因為他們心中耿耿於懷的就是那些不好的東西。

誠如智者所傳達的，你最關注的事情，會在你的生活中體現。

你想要什麼，你便會得到什麼。我們每個人都是一個活磁鐵，我們生命中的財富、成功、幸福、健康都是我們吸引而來的，同樣，一個人之所以失敗、貧窮，也是因為他內心吸引的結果。這便是吸引力法則。也就是說，在日常生活中，你最關注的事物往往最有可能出現在你的生活中。因此如果你能專注於自己如何獲得健康，如何獲得財富，如何快樂生活，那麼你的生活將會充滿希望。

如果你渴望獲得什麼，那麼請你首先想像一下獲得它之後的感受，這是你吸引他們的唯一途徑。然後，你要讓自己相信，你一定能擁有這一切，你也值得擁有這一切。最後，要時刻專注於上述積極的想法和感受。

福特有一句名言：「你認為你行或者不行，你都是對的。」思想決定現實，一個人想什麼，他就會做什麼，最後他就會得到什麼。吸引力法則強調個人的主觀能動性，特別是強調人的思想和信念對事件結果擁有決定性的影響。要想改變結果，就必須改變思想。

要牢記「寶藏在哪裡，心就在哪裡」，人的意志統治著人的注意力。

一個充分相信自我價值的人，你會找到你的天賦，然後你的天賦會極大地提升你，並把成功的桂冠戴在你的頭上。不可能通常會變成可能，因為一些人敢於相信它是可能的。過去的偉大發明都是那些比他人更有信心的人開創出來的。他們的信念強烈刺激著他們的行動、學習、思想和努力。當信念透過努力工作而得到實現時，它就會帶來可觀的成果。這是亙古不變的宇宙法則。

測驗

你的心境如何？

1. 一邊是綠茵茵的草地，另一邊是黑森森的原始森林，你是往草地走，還是向森林走？
2. 越過草地或森林，你希望在面前出現的是遼闊大海，奔騰的江河，還是涓涓的小溪？
3. 涉過大海、江河或小溪，在你眼前出現了一間小茅屋。你走向小茅屋之前，你是不是會回頭望一望大海、江河或小溪？
4. 當你走進小茅屋，看見桌子上面有只花瓶，你希望花瓶是古典式的，還是現代式的？是大的還是小的、或者是中等的？
5. 你希望這茅屋裡有沒有窗戶？如有，是大的還是小的？多還是少？

6. 桌子上有只杯子，你不小心把它摔在地上，你希望這杯子碎不碎？是摔得粉碎，還是摔缺一塊可以修補？

7. 走出小屋，你面前有兩條路，一條大道，一條小路，你選擇哪一條？

8. 你來到沙漠地帶，你已經渴了，此時路邊有杯水，你是看都不看就走？還是喝光再走？或者只喝一半把杯子帶著走？或者喝一點放回原處？

9. 天漸漸暗了，你來到一處山谷，突然你看見一個很嚇人的白髮魔女。你是掉頭就走，還是站在一邊一聲不響，或者是上前搭話？

10. 翻過山地，一堵牆擋住了去路。你是翻過去還是繞路而行？

11. 越過了這堵牆，你就來到一個動物園，裡面有馬、狗、兔子、貓、虎、蛇、牛、猴子、羊、豬和鷹等。你喜歡哪一個？

測驗結果：

1. 去森林，說明童年生活並不是在父母的百般疼愛下度過的。若選草地，則相反。

2. 選擇大海，說明你的初戀像大海般深沉。選擇江河，說明你的初戀如江河在你的胸中奔騰。若換了小溪，則說明你的初戀如小溪泉水在你心中淙淙流過，給你留下溫馨的回憶。

3. 你如回頭望，說明初戀使你難忘，第一個戀人常常閃現在你的記憶裡。若不回頭，說明你覺得初戀不成熟，早把它忘了。

4. 對花瓶的選擇，往往體現你對終身伴侶的要求。喜歡古典式的則喜歡文靜、沉穩，具有較多傳統思想的伴侶。愛現代式的則要求伴侶是熱烈、活躍、思想解放的類型。花瓶大中小則說明對方個頭的大中小。

5. 希望小茅屋沒窗戶則生活中沒朋友，是個孤獨的人。希望窗戶小且少，說明朋友少且沒有知心的。希望窗戶大而又多（二扇以上），生活中有幾位知心朋友。

6. 希望杯子不碎，說明你生活的道路較為筆直。希望杯子摔缺一塊但可以補，說明你生活受過挫折，並希望很快平復。希望摔得粉碎，說明你的生活遭受過重大挫折。

7. 選擇大道，說明你認為往後的生活和事業之路是順利的，選擇小路說明你對生活和事業的前路做好了失敗坎坷的準備。

8. 不喝就走，說明你做事情缺乏打算，或顧慮太多（擔心水有毒）。喝光再走說明做事只圖眼前利益。喝一半帶著走，說明你做事有計劃，懂策略。喝一點放在原處說明做事欠缺長遠考慮，或習慣為他人打算。

9. 見到白髮魔女掉頭就走，說明你膽子較小。站在一邊不說話說明你遇事冷靜，懂觀察有謀略。敢上前講幾句話，那你的魄力很大。

10. 面對圍牆翻過去說明儘管有困難，但你能夠克服。繞路走說明你害怕困難，缺乏魄力。

11. 馬忠實，狗義氣，兔子惹人愛，貓纏綿，虎兇悍，蛇狡猾，牛勤懇，猴活躍，羊溫順，豬懶惰，鷹有雄心壯志。

第5章

了解他人，完美溝通

在這個資訊時代，雖然電腦科學、網路技術的發展對資訊溝通產生了促進作用，但是，我們不要忘記，它們的發展同時也產生了一大堆混亂的資訊，謠言將傳播得更快。環境的變化、虛擬的出現使信任危機不斷顯現，因此，在資訊時代，溝通的障礙不僅沒有變少，而是變得更為棘手了。

上帝萬能，因為他最懂得傾聽

慢情緒關鍵字

焦慮的人，通常不是活在「此時此刻」，他們想著過去，擔憂著未來，所以很難跟「眼前」的人互動，無法靜下心來傾聽。

為什麼人們願意把內心最隱密的事情和上帝分享？因為上帝從來不插話。上帝創造人的時候，為什麼只給一張嘴，卻給兩個耳朵呢？那是為了讓我們少說多聽。

能言善道的人受歡迎，但是善於傾聽的人才能深得人心。話多難免有言過其實之嫌，或者容易被人形容誇誇其談。靜心傾聽就沒有這些弊病，倒有兼聽則明的好處。傾聽，不僅要傾聽別人的聲音，也要傾聽平時少為人聽或不為人聽的聲音，學會傾聽，發掘生活中的小祕密，是許多人走向成功的祕訣。

戴爾・卡內基在《人性的弱點》中記錄了自己經歷的一件事：

有一次，卡內基在一個朋友的橋牌晚會上與一位女士聊天。這位女士知道卡內基剛從歐洲回來，就對卡內基說：「卡內基先生，您去歐洲演講，一定到過許多有趣的地方，歐洲有很多風景優美的地方，您講給我聽聽好嗎？要知道，我小時候就一直夢想去歐洲旅行，可是到現在我都不能如願。」

卡內基一聽這位女士的開場白，就知道她是健談的人。卡內基知道，讓一位健談的人長久聽別人長篇大論，心中一定憋著一口氣，而且很快就會對你的談話內容失去興趣，而且卡內基知道這位女士剛從阿根廷回來。阿根廷的大草原景色秀麗，她肯定會有自己的一番感受。

於是卡內基對那位女士說：「是的，歐洲有趣的地方可多了，風景優美的地方更不用說。但是我很喜歡打獵，歐洲打獵的地方就只有一些山，很危險的——可惜那裡沒有大草原，要是能在大草原上騎馬打獵，並且欣賞秀麗的大草原風光，那多愜意呀……」

「大草原？」那位女士馬上興奮叫道，「我剛從阿根廷的大草原旅遊回來，那真是個有趣的地方，太好玩了！」

「真的嗎？您快跟我講講大草原的風光吧！我夢想著去大草原呢！」

「當然可以，阿根廷的大草原……」那位女士看到有這麼好的傾聽者，當然不會放過機會，滔滔不絕講起她在大草原的旅行經歷。在卡內基的引導下，她又講了布宜諾斯艾利斯（阿根廷的首都和最大城市）的風光和她沿途旅行的所見所聞，甚至到了最後，談話內容成了她對這一生所踏過的美麗景致作了一番追憶。

卡內基一直耐心聆聽，不時微笑點頭鼓勵她繼續講下去。女士講了足足一個多小時，直到晚會結束，她才意猶未盡地對卡內基說：「卡內基先生，下次見面我繼續講給您聽，還有很多很多有趣的經歷呢！」

在這一個小時中卡內基只說了幾句話，然而那位女士卻對晚會的主人說：「卡內基先生真會講話，他是個很有意思的人，跟他聊天真是一種享受呀！」

卡內基知道，這位女士她真正需要的僅僅是他人認真地聆聽。她想做的事只有一樣，就是傾訴。她內心的真實願望是將自己所知道的一切滔滔不絕地告訴大家而已。

辛格曼・佛洛德算是近代最偉大的傾聽大師了。一位曾遇過佛洛德的人，這樣描述他傾聽別人說話時的態度：「那簡直太令人震驚了，我永遠不會忘記他。他的那種特質，我從沒在別人身上看過，從沒見過這麼專注的人，有這麼敏銳的靈魂洞察和透視事情的能力。他的眼光總是那麼謙遜溫和，他的聲音則是低沉有磁性。但是他對我的那份專注，表現出他喜歡我說話的態度──即使我說得不好，這真的是非比尋常。你真的無法想像，別人像這樣聽你說話所代表的意義是什麼。」靜聽他人談話，並透過這種靜聽打開生活的玄機，既是對人世的通明，也是對人生的洞徹。

在美國，曾有科學家對同一批受過訓練的保險推銷員進行過研究。因為這批推銷員接受了同樣培訓，業績卻差異很大。科學家抽取其中業績最好的百分之十和最差的百分之十作對照，研究他們每次推銷時自己開口講多長時間的話。研究結果很有意思：業績最差的那一部分，每次推銷時說的話累計為三十分鐘；業績最好的那百分之十，每次累計只有十二分鐘。

大家想一想，為什麼只說十二分鐘的推銷員業績反而比較好呢？

很顯然，他們說得少，自然聽得多。聽得多，對顧客的各種情況自然了解很多，自然會採取相應措施去解決問題，業績自然優秀。

成功學大師卡內基也提醒人們，在與人溝通的時候最好留百分之八十的時間給對方，自己耐心傾聽，而剩下的百分之二十的時間，則是用來提醒或啟發對方繼續說下去。這就是著名「八十：二十對話法則」。

善於傾聽，能使你有好人緣，也能幫你避免草率得出結論。你要有足夠的耐心去強迫自己對別人感興趣。以自我為中心的人，則永遠學不會聆聽，也永遠無法了解別人！

在人與人的交往中，每個人都希望別人能用心聽自己的話，這是人的一種心理欲求。如果一個人在交際中一直以自己為中心，滔滔不絕地談論自己，就會讓人感到乏味和厭倦。

也許你想成為一個會說話的人，因為那看起來很瀟灑。不過善於說話的人，需要學會掌握說話的分寸，照顧到別人的感受，最好還能引經據典、談古論今，講話時要充滿感情，像戲劇表演一樣有起承轉合……總之，要成為一個會說話的人實在不是容易的事。不過成為傾聽者就容易多了，你只需要認真傾聽，偶爾評論，不要岔開話題，及時點頭微笑，就能算得上好聽眾了。上帝一句話不講，都能成為最好的聽眾，你還擔心什麼呢？

緩和關係，只需從對方的角度思考問題

慢情緒關鍵字

任何看似荒誕的事情背後，都有他最真切的原因。

如果你覺得荒誕，那很可能是因為你不理解他。

美國經濟大蕭條時期，百分之九十的中小企業都倒閉了，開設齒輪廠的女老闆丹娜，她的訂單也一落千丈。丹娜為人寬厚善良，慷慨體貼，交了許多朋友，並與客戶保持良好的關係。在這個艱困的時刻，丹娜想找一些朋友、老客戶出出主意、幫幫忙，於是寫了很多信，可是等信寫好了之後，她才發現自己連買郵票的錢都沒有。

這一窘境也提醒了丹娜，她自己都沒錢買郵票了，別人又怎麼會花錢給她回信呢？可是如果沒有回信，誰又能幫助她呢？

於是，丹娜把家裡能賣的東西都賣了，用一部分錢買郵票，開始向外寄信，還在每封信裡附上兩美元，作為回信的郵資，希望大家給予指導。

丹娜的朋友和客戶收到信之後，都大吃一驚，因為兩美元遠遠超過一張郵票的錢。每個人都被感動了，他們回想了往日與丹娜相處的點滴。

不久，丹娜收到訂單，還有朋友來信說想要與她一起投資。丹娜的生意很快有了起色。在這次經濟蕭條中，她是少數度過危機而且有所成的企業家。

有些人時常抱怨自己不被他人理解，其實換個角度想別人可能也有同樣的感受。當我們希望獲得他人理解時，我們也可以嘗試自己先站在對方的角度思考，也許會得到一種意想不到的答案，許多矛盾誤會也會就此迎刃而解。

溝通大師吉拉德（Joe Girard）說：「當你認為別人的感受和自己一樣重要時，才會出現融洽的氣氛。」我們需要多從他人的角度考慮問題，如果對方覺得自己受到重視和讚賞，就會報以合作的態度。如果我們只強調自己的感受，別人就會與之對抗。

換個角度替對方思考一下，關係立刻就會變得緩和。生活中，人人都有他值得同情和原諒的地方，一個人的過錯常常不是個人所造成的，多一些體諒，從對方的角度想一想，你的寬容就可以溫暖他人的心。

有時你會發現：對方可能完全錯了，但他仍然無法接受你正確的說法。這時不要一味指責他人，你可以站在他的角度試著了解，為什麼對方會有那樣的思想和行為模式？探究出原因，你就等於得到一把了解他人行為模式的鑰匙。

索爾・胡洛克先生是美國第一位音樂經紀人，他與許多知名的藝術家打了幾十年的交道，例如卻利亞賓、鄧肯和潘洛佛。索爾・胡洛克先生告訴人們，在他與那些性情反覆無常的藝術家往來時，得到的第一個教訓就是同情——對他們可笑而古怪的脾氣表現出更多的同情。伍勒曾有三年以上的時間身為卻利亞賓音樂會的專業經紀人，卻利亞賓是位非常知名的低音演唱家，但他的行為作風卻像一個被寵壞的孩子，用索爾・胡洛克先生獨特的語言來形容，就是「他各方面都很糟糕。」

最糟糕的一次是在一次演唱會上，卻利亞賓在他將要演唱的當天中午打電話給索爾・胡洛克先生說：「索爾，我覺得很不舒服，我的喉嚨破得不像樣了，今晚我不能歌唱了。」索爾・胡洛克先生沒有同他辯論或爭吵，他知道成熟的經紀人不能那樣處理。

於是他跑到卻利亞賓住宿的旅館，表達關心之情。

「多麼不幸！」他惋惜地說，「多麼不幸！我可憐的朋友，當然，你不能唱了。我會立即取消演出活動。不過，這將會讓你損失好幾百萬美金，但是與你的嗓音和名譽相比，那算不了什麼。」

卻利亞賓停頓了一下，想了想之後說：「也許你下午再來，大概五點鐘來吧，那時我再看看覺得怎樣。」

到了下午五點多鐘，索爾・胡洛克先生再次跑到他的住處，他依舊堅持取消演出。卻利亞賓有些嘆息地說：「好吧，你再晚一點來看我，也許到那時我會好一點兒。」

到了七點半，這位偉大的低音歌唱家答應唱了，唯有一個條件，就是索爾・胡洛克先生要先在演唱舞台上報告「卻利亞賓患重感冒嗓子狀況不好」這件事。索爾・胡洛克先生欣然答應了，因為他知道那是能使這位低音歌唱家順利演出的唯一方法。

洛慈博士有段經典的名言：「人類普遍追求同情。兒童迫切地顯示他的傷痛，甚至故意割傷或打傷自己，以博取大人的同情。出於同樣的目的，成人也會顯示他們的傷痛，敘述他們的意外、疾病，特別是動手術開刀受苦的細節，為真實的或想像的不幸而感到自憐。實際上，這差不多是人性的一個重要部分。」所以，EQ專家告訴我們，想要贏得別人的贊同，就要真誠地從對方的角度看事情。

好感對話就從別人感興趣的話題開始

慢情緒關鍵字

能觸動你的，從來都不是別人的故事，而是別人的故事裡，藏著自己的心事。

同學的生日聚會上，小主人對你說：「我知道你喜歡葡萄汁，所以專門為你買了一瓶。」而且別人真的都是柳橙汁。後來你發現他沒有邀請另一個好朋友時，他對此解釋說：「我知道你不怎麼喜歡他，所以我就沒有邀請他來，我們玩得開心點。」這時候你會感覺怎樣呢？一定覺得今天的主角是自己，而不是你那個過生日的朋友。

看起來若無其事的呵護，必能打動對方的心。反之，若是明知是讓對方討厭的事物，卻又不經意間觸犯禁忌，對方必然會認為你是故意藐視他，甚至耿耿於懷。儘管是一件小事，卻有可能從此中斷你與他的關係。因此，如果連枝微末節都能特別留意的話，必能讓對方更信賴你。

誰都希望別人認為自己比實際來得聰明、美麗，這種想法並不會傷害任何人。我們可以學一些無傷道德的交往技巧，幫助你成為社交場合受歡迎的人。如果你特別喜歡某人，或特別想成為某人的知交，可以探查此人的優缺點，稱讚此人希望被稱讚的地方。人類都有真正優秀的部分，以及希望被他人認定為優秀的部分。一個人的優點被讚賞時，著實會讓人高興的，就像一個喜歡下廚的人如果被別人稱讚廚藝好，一定會喜出望外。

每一個與希歐多爾・羅斯福（Theodore Roosevelt）交談過的人，都對他淵博的知識感到驚訝。哥馬利爾・布雷佛曾這樣寫道：「無論是牛仔或騎兵，紐約政客或外交官，羅斯福都知道該對他說什麼話。」因為羅斯福知道，打動人心的最佳方式是跟對方談論他最感興趣的事物。

耶魯大學的前任文學教授威廉・菲利浦在一篇談論人性的文章寫道：

「當我八歲的時候，有一次到姨媽家度週末，正好一個中年人來訪，跟我姨媽寒暄一陣之後，他把注意力放在我身上。那段時間我正好非常熱衷帆船，這位來訪者就一直跟我討論帆船。他走了之後，我對他大為稱讚。多麼棒的人！他對帆船多麼了解呀！但是我姨媽卻對我說，他是一名紐約的律師，對帆船一點也不感興趣。」

那他為什麼一直在談帆船呢？

「因為他覺得你對帆船感興趣，談論這個話題會讓你高興——他總是知道怎樣使自己受人歡迎。」

羅斯福無疑是掌握了一些為人處世的經驗，不要覺得這樣做很偽善，如果你真的希望和對方產生共鳴，自然要以對方為主角，談論他感興趣的事情。

所以，EQ研究專家告訴我們，打動人心的最佳方式是和對方談論他最感興趣的事物。因為，每個人都是他興趣領域的專家，聽他講，你不僅會獲得新知，還能贏得友誼。

人們溝通的失敗往往與EQ的高低有直接關係，因為一個不會聽「弦外之音」的人，也不會是個溝通高手。聽他人的言外之意屬於識別他人情緒的範疇。畢竟很多時候，說話不能太直接。比方說，批評人，你不能傷了人的自尊；給上司提建議，不能讓人覺得你比上司還能幹；面對別人的提問，你有難言之隱不能說，但也得讓人有個臺階可以下；

事情緊急，但涉及商業機密，只有你的親信才能明白的「暗語」是最好的選擇……

有一次，齊威王決定派能言善辯的淳于髡去趙國搬救兵。他讓淳于髡帶著馬車十輛，裝上黃金百兩。淳于髡見了放聲大笑，笑到連帽子上的繫帶都扯斷了。

齊威王不高興地問：「先生是嫌這些東西寒酸嗎？」

淳于髡說：「我怎麼敢嫌棄這些東西寒酸呢？」

齊威王又問：「那你剛才笑什麼呀？」

淳于髡說：「大王息怒，今天我從東面來時，看見有個農民在田裡求土地公賜給他一個豐收年，他拿著豬蹄和一罎酒，祈禱說：『土地公公呀，請保佑我五穀豐收，米糧滿倉吧！』他的祭品那麼少，卻想得到那麼多。我剛才想到了那個農民，忍不住就笑了。」

齊威王領悟了淳于髡的暗示，馬上給他黃金千兩，車馬百輛，白璧十對。淳于髡就此出使趙國，搬來了十萬精兵。

說話交流時有一種情況非常令人尷尬，那就是說者有心，聽者卻無意。任你費盡心機、磨破口舌，對方總是不明白你真正的意思，結果是聽者著急，說者更著急，尷尬至極。

但並不是所有人都能如此，一些不能準確抓住他人言語中資訊的人，最後往往慘遭失敗。

沈萬三秀是明朝初年江蘇昆山一帶有名的大富翁。他原名沈富，字仲榮。明朝初年稱巨富為「萬戶」，姓後加「萬」是當時對富人表敬意的一種習慣性稱法。又當時人分五等，依次為秀、官、郎、畸、奇，稱秀者家產須在萬貫以上，沈萬行三，故稱沈萬三秀或沈萬三。

沈萬三秀竭力向剛剛建立的明王朝表示自己的忠誠，拚命地向新政府輸銀納糧，討好朱元璋，想為自己留下好印象。

朱元璋於是下令沈萬三秀出錢修金陵的城牆。沈萬三秀負責的是從洪武門到西門一段，占金陵城牆總工程量的三分之一。沈萬三秀不僅按品質提前完工，還提出由他出錢犒勞士兵。

沈萬三秀這樣做，本來是想討好朱元璋，沒想到弄巧成拙。朱元璋一聽，立刻大怒：「朕有百萬雄師，你犒勞得了嗎？」

沈萬三秀沒聽出朱元璋的弦外之音，面對如此詰難，他居然毫無難色，表示：「即使如此，我仍可以犒賞每位將士一兩銀子。」

朱元璋聽了大吃一驚。在與張士誠、陳友諒、方國珍等武裝割據集團爭奪天下之時，朱元璋曾由於江南富豪支持敵對勢力而吃盡苦頭。現在雖已建國，但國強不如民富，這使朱元璋深感不安。如今沈萬三秀竟然僭越，想代天子犒賞三軍，仗著富有而將手伸向軍隊，更使朱元璋火冒三丈。

朱元璋沒馬上表露怒意，只是沉默了一下，冷言道：「軍隊朕自會犒賞，你就不必操心了。」

在此之後，朱元璋決意治治沈萬三秀的驕橫之氣。一天，沈萬三秀又來大獻殷勤，朱元璋給了他一文錢，說：「這一文錢是朕的本錢，你代替我去放債。只以一個月為期限，第二日起至第三十日止，每天取一對合。」

所謂「對合」是指利息與本錢相等。也就是說，朱元璋要求每天利息為百分之百，而且是利滾利。沈萬三秀雖然渾身珠光寶氣，但腹中空空，財力有餘，智慧不足。他心想，這有何難！第二天本利兩文錢，第三天四文錢，第四天才八文錢。區區小數，何足掛齒？於是沈萬三秀非常高興地接受了任務。

可是，他回家仔細一算，不由得傻眼了，雖然到第十天本利總共也不過五百一十二文錢，可到第二十天就變成五十二萬四千二百八十八文錢，而到第三十天也就是最後一天，總數竟高達五億三千六百八十七萬九百一十二文錢。也就是要沈萬三秀交出五億多文錢，沈萬三秀最後也只能傾家蕩產。

後來，沈萬三秀果然傾家蕩產，朱元璋下令將沈家龐大的財產全部抄沒，又下旨將沈萬三秀全家流放到雲南邊地。

沈萬三秀的悲劇正是由於他聽不懂皇帝言外之意而一味奉承，但顯然馬屁拍錯了地方，最後只有家破人亡。

聽得懂弦外之音是為人處世的必要本領，也是一種交際之技，更是我們EQ高的體現，它直接關係到我們人際關係的好壞和做事的成敗。

紀伯倫（Kahlil Gibran）曾經說過：「如果你想了解一個人，不只去聽他說出的話，而且要去聽他沒有說出的話。」一般說來，一個人不會輕易把自己真實的意見、想法直接表達出來，但他的感情或意見，總會在他的語言表達體現得清清楚楚。

如果你想真正地了解一個人，就不要一味刨根問底，試圖讓對方表白自己，而是要做一個聰明的傾聽者，從他的弦外之音中揣摩出他真正的心思。

不要輕易下定奪與講祕密

慢情緒關鍵字

沒弄清對方的底細，決不能輕易給出結論。

在現實生活中，有正人君子，也有奸佞小人。對待君子用君子的做法，對待小人用小人的做法。俗話說，防小人不防君子。在你的人生路途中，既有坦途，也有暗礁。俗話說：禍從口出。與人交往的時候，一定要注意說話的分寸，要多聽少說。如果不注意，想說什麼就說什麼，想怎麼說就怎麼說，說的時候只圖一時痛快，不注意隔牆有耳，往往容易招惹是非，惹出禍端。

如果想順利走上成功之路，首先應該安身立命，適應環境，只有適應了環境才能改變環境，才能為自己的成功創造機會。如果你說話的時候不注意，讓別人抓住把柄和漏洞，小人很可能利用這些把柄來陷害你。

所以，要防備別人為你製造不必要的事端，就要學會多聽少說，而且一個毫無城府、喋喋不休的人，也會讓人顯得淺薄俗氣，給人缺乏涵養的印象。

中國有一句箴言：「大辯若訥」。這話是很有道理的，在人際交往中，要想不惹是生非，消災滅禍，就要做到謹言慎語。謹言，不是不說話，而是該說的說，不該說的不說；慎語，就是考慮好了再說。俗話說：「善言一語三九暖，惡語傷人六月寒」。坦誠固然可愛，但如果不分場合、地點、對象，一律口對著心，有什麼說什麼，是萬萬不可取的，因為一個人不可能保證自己所想、所做的都正確，聽話者的接受能力也不盡相同。

不問青紅皂白的直言快語，輕則使人下不來台，重則造成隔閡。相反地，有的人工作能力均非一流，但因言行舉止得體而頗有人緣，工作中也成績卓越。

閒談莫論他人過，背後議論人，早晚有一天會傳到當事人耳中，且經過多次轉播之後，原文早已走樣，當事人聽到的往往是誇張了的版本，結果就不言而喻了。發牢騷也是一樣。遇到不平事，透過發牢騷取得心理平衡本無可厚非，但牢騷太多往往會過於偏激，結果常會遭人怨恨。

冷眼待人接物，稱作「白眼」，這個典故起自阮籍。阮籍能作青白眼：偽君子來訪時他白眼以對；相反地，意氣相投的朋友到來時，他會青眼待之。這種差別待遇，常使偽君子惱羞成怒。不過，儘管這麼不留情面的舉止，阮籍終能平安無事。這是因為他從不說人是非，也不批評世事。嵇康在給友人的信中，曾提到「阮籍從不論人是非，這一點是我一直想學，卻學不到的地方」。司馬昭也曾說：「若論天下第一慎重人物，則非阮籍莫屬。與他交談，內容儘是深遠哲理，至於時事、他人是非，從不曾提過。」

對周遭的批判，常有被他人亂用的危險。有些人在聽你批評別人時，一副深有同感的樣子。事後，卻去告訴當事人。這種被人出賣的經驗，應該不稀奇吧！

流言蜚語是職場中的「軟刀子」，是殺傷性力和破壞性很強的武器，這種武器造成的傷害可以直接作用於人的心靈，它會讓受到傷害的人感到非常挫折與憤怒。經常搬弄是非，會讓周圍的人對你產生一種避之唯恐不及的感覺。要是到了這種地步，相信你在這個環境也不太好過，因為已經沒有人把你當回事了。

小青是個文靜的女孩，前段時間失戀了。她告訴同事，她的男朋友甩了她，去追求另外一個女孩。後來，這件事傳到老闆耳朵裡，老闆在會議上說：「有的人連男朋友都擺不平，公司的事怎麼可能放心交給她處理呢？自己的私事都四處宣揚，公司又怎能放心將秘密託付給她呢？」不久之後，小青就被調職，連薪水也減了一大半。

由此可知，自己的祕密不要輕易示人，守住自己的祕密是對自己的一種尊重，是對自己負責的行為。羅曼・羅蘭（Romain Rolland）說：「每個人的心底，都有一座埋藏記憶的小島，永不向人打開。」

馬克・吐溫也說過：「每個人像一輪明月，他呈現光明的一面，但黑暗的一面從來不會給別人看到。」這座埋藏記憶的小島和月亮上黑暗的一面，就是隱私世界。祕密只能獨享，不能作為禮物送人。再好的朋友，一旦你們的感情破裂，你的祕密就將人盡皆知，受到傷害的人不僅是你，還有祕密裡牽連到的其他人。

薪水階層的社會是一個競爭的社會，不論多麼值得信賴的同事，當工作與友情無法兼顧的時候，朋友也會變成敵人。在同事面前批評上級，無疑是自己給別人丟下把柄，有一天身受其害，都不明白是怎麼回事！

巧妙地把對方的想法「套」出來

慢情緒關鍵字
贏得信任與好感的第一步，引導對方多說一點，然後保持微笑。

有一個年輕人，向哲學家蘇格拉底請教演講術。為了表示自己有好口才，他滔滔不絕地講了許多話。最後，蘇格拉底要他繳納雙倍學費。那位年輕人驚詫地問道：「為什麼我要兩倍學費呢？」

蘇格拉底說：「因為我得教你兩樣功課，一是如何閉嘴，另外才是如何演講。」

成功的人大多是社交專家，然而出色的社交專家並不是我們所認為的口若懸河。真正懂交往之道的都是運用語言的大師，他們深諳人們的心理，了解人人都有表現欲，所以他們讓對方多開口並引導對方說出自己的想法。

哈佛大學商學院的基恩有一天來到一個生活比較富裕的村莊考察。

「為什麼他們不使用電？」經過一家整潔的農家，他不解地向該區代表問道。

「他們都是吝嗇鬼，別指望賣給他們任何東西。」區代表答道，「他們對公司的產品不感興趣。我已經試過很多次了，真是無藥可救。」

儘管區代表這麼說，基恩仍不甘心，他敲了敲農家的門。大門只開了一小縫，一位老婦人探出頭來。基恩先生對他們的溝通過程作了這番記錄：

老婦人一看見公司代表，就當著我們的面把門關上。我說：「夫人，打攪您了，我不是來推銷東西的，我只想向您買些雞蛋。」

她探出頭來懷疑地看著我們。

「我發現您擁有一群很好的多明尼克雞，現在我正想買一些新鮮雞蛋。」

「你怎麼知道我的雞是多明尼克雞？」老婦人的好奇心被激發起來。

「我自己也養雞，而我敢說我從未見過比這更好的一群多明尼克雞。」

「那你為什麼不用你自己的雞蛋？」她仍心存疑慮。

「我的雞下的蛋是白蛋殼。您是烹調的行家，自然知道在做蛋糕時，白蛋殼的蛋與紅蛋殼的蛋味道差很多。」

這時，她終於放心走出來，態度溫和多了。我環顧四周，發現農場中有一個很好的乳牛棚。

「夫人，我可以打賭，您用您的雞賺得錢，一定比您丈夫用乳牛賺得錢還多。」

嘿！她高興極了！她當然認為自己賺得多！她聽我如此說更加高興，因為她固執的丈夫並不承認這一點。

當我們參觀她的雞舍時，我留意到她自造的各種小設備，我介紹了幾種飼料，並在幾件事上徵求她的意見。我們很高興地交換了許多有益的經驗。

她說她幾位鄰居在他們的雞舍裡裝上電燈，據說效果很好。她徵求我的意見，問我是否也應該採取這種辦法……

兩個星期以後，這位老婦人的多明尼克雞終於也見到燈光，牠們在燈光的助長下愉快成長。我如願得到我的訂單，她的雞蛋也產量增加。這的確是一個雙贏的結局。

著名的成功學大師戴爾・卡內基先生曾說：「最出色的溝通藝術，是會聽而不是會講。」實際上，所有人在心底都重視自己，喜歡談論自己以及他們自己所關心的事，沒有人願意聽別人嘮嘮叨叨地在那兒自吹自擂！

《紐約民眾導報》的經濟專欄中刊登了一大幅廣告，宣傳一家公司正在招聘。一位很有能力與經驗的人柯博斯應徵了，面試以前他花費了許多時間在華爾街打聽關於招聘公司的資訊。

在面試的時候，他對面試官說：「能同一位像您這樣具有非凡經歷的人共事，我頗感自豪。我聽說您在二十八年前創業時，除一室、一桌、一速錄師外，一無所有，這是真的嗎？」

許多成功的人，都喜歡回憶自己早年的奮鬥歷程，這個人也不例外。他談了許多關於自己如何成功運用四百五十元現金及一個點子，最終獲取成功的創業經歷。他講述了自己如何與困難搏鬥，怎樣與金錢和譏笑鬥爭，他說那時他從未有休息日，每天工作十幾個小時。最後，他戰勝了所有的厄運，現在華爾街的許多名人都到他這裡來索求指導，他對這樣的一種經歷深感自豪……

經過一長串精彩的分享，他簡單地問了柯博斯幾個問題，然後對他的一位副手說：「我想這就是我們正在尋找的人。」

事實上，柯博斯並沒有在這位招聘負責人面前表現出多麼優秀的能力與經驗，他做的事情很簡單，就是讓對方說話。所以，我們在關注口才的重要性同時，首先要學會的並不是要滔滔不絕地辯論，而是少說多聽。

含蓄，學會語言的「軟化」藝術

慢情緒關鍵字

學會委婉的表態，方能在不傷害關係之下，創造多贏局面。

委婉，或稱婉轉，是一種修辭手法。它是指在講話時不直陳本意，而用委婉之詞加以烘托或暗示，讓人思而得之，而且越揣摩，含義越深越遠，因而也就越具有感染力。委婉含蓄是說話的藝術，它體現了說話者駕馭語言的技巧，而且也表現了對聽眾想像力和理解力的信任。生活中許多事情是「只需要意會，不必言傳」，如果說話者不相信聽眾豐富的想像力而把所有的意思和盤托出，這種詞意淺陋、平淡無味的話語不但會使人不悅，而且會使說話失去魅力。

有人稱「委婉」是公關語言中的「軟化」藝術。林肯也善於以具有視覺效果的詞句來說話。當他對每天送到白宮辦公桌上的那些冗長、複雜的官式報告感到厭倦時，他提出了反對的意見，但是他不是以那種平淡的詞句來表示反對，而是以一種幾乎不可能被人遺忘的圖畫式字句說出。

「當我派一個人出去買馬時，我並不希望這個人告訴我這匹馬的尾巴有多少根毛。我只希望知道它的特點何在。」這裡，林肯運用了一種以甲喻乙，但又不明說乙的暗喻，婉轉表達自己的本意——不願意批閱冗長複雜、毫無重點的報告，彙報人掌握重點即可。林肯這種拐彎抹角的方法就是一種「軟化」的藝術。

現代文學大師錢鍾書先生是個自甘寂寞的人，他居家耕讀，閉門謝客，最怕被人宣傳，尤其不願在報刊媒體露面。他的《圍城》再版以後，又拍成了電視，在國內外引起轟動。不少媒體記者都想約見採訪他本人，但是均被錢老謝絕了。一天，一位英國女士好不容易打通錢老家的電話，希望能登門拜見錢老。錢老一再婉言謝絕沒有效果，就妙語驚人地對這位英國女士說：「妳吃了一顆雞蛋，覺得不錯，又何必要認識那個下蛋的母雞呢？」英國女士終於被說服了。

錢先生的回話從語言效果上看，達到了「一石三鳥」的奇效：其一，是屬於語義寬泛，富有彈性的模糊語言，給聽話人以思考悟理的伸縮餘地；其二，是與外賓女士交際中，不宜直接明拒，採用寬泛含蓄的語言，顯得有禮有節；其三，更反映了錢先生超脫盛名之累、自比「母雞」的這種謙遜淳樸的人格之美。一言既出，不僅無懈可擊，又引人領悟話語中的深意，格外令人敬仰錢老的大家風範。

委婉含蓄主要具有如下三方面的作用：

第一，人們有時表露某種心事，提出某種要求時，常有種羞怯、為難心理，而委婉含蓄的表達則能解決這個問題。

第二，每個人都有自尊心。在人際交往中，對對方自尊心的維護或傷害，常常是影響人際關係好壞的直接原因，而有些表達，如拒絕對方的要求，表達不同於對方的意見，批評對方等，又極容易傷害對方的自尊。這時，委婉含蓄的表達常能實現既能達成表達任務又能維護對方自尊的目的。

第三，有時在某種情境中，例如礙於某第三者在場，有些話就不便說，這時就可用委婉含蓄的表達。

委婉含蓄的表達，大致有如下幾種方法：

一是仔細研究事物之間的內在聯繫，利用同義詞語表達自己的思想，達到含蓄效果；二是由外延邊界不清或在內涵上極其籠統概括的語言來表達自己的思想，達到含蓄效果；三是有許多修辭方式，如比喻、借代、雙關、暗示等可以達到含蓄的效果；四是有些事情，不必直接點明，只需指出一個較大的範圍或方向，讓聽者根據提示去深入思考，尋求答案，可達到含蓄的效果；五是通過側面回答一些對方的問題，可以達到含蓄的效果。

最後，還要關注這樣一種情況：使用委婉含蓄的話要注意，委婉含蓄不等於晦澀難懂，它的表現技巧首先是建立在讓人聽懂的基礎上，同時要注意使用範圍。如果說話晦澀難懂，便無委婉含蓄可言；如果使用委婉含蓄的話不分場合，便會引起不良後果。

委婉不是「虛假的驕傲」，委婉要求溝通雙方都要誠心願意接受自己的缺點，不辯駁自己對問題該負的責任。委婉的態度，就是誠懇的態度，就是要誠懇接受對方的意見，誠懇承認自己的錯誤，誠懇讚美對方的優點。

為此，雙方在語言交流時應注意：

首先，自己表達語意時要清楚，也要求對方表達清楚，避免模糊不詳。溝通雙方在交談中應注意所用辭彙的準確性。正確的用字和清楚的語彙在表達你的期望時非常重要，否則對方會以他的意思來解讀，容易曲解，產生衝突和誤會。

其次，對你的決定要解釋原因。當一方要求另一方去辦一件事情時，要說明事情的因果關係，讓對方明白你的心意。

最後，一旦發生問題，說清楚自己應負的責任。有不少人只有模糊的概括來檢查自己應負的責任，敷衍地承認自己的錯，卻具體地攻擊對方的短處，這是一種變相逃避。

說話是一門藝術，和氣地、委婉地對人說話，會讓人有如沐春風的感覺。在語言溝通的過程中，如有意見和建議，委婉表達是一種頗有奇效的黏合劑。委婉是一種以坦誠開放的態度來對待對方的方式，它尊重了他人的感受，更容易讓人接受。

破解對方的身體語言密碼

慢情緒關鍵字
光會閱讀空氣，不懂劃清界線，小心迷失自我！

人的心理常常被比喻為演戲的舞臺，倘若把燈光照到的地方當成人的意識焦點，那些焦點的背後就是光線照射不到的「黑暗地帶」，也就是人類的深層心理區域。這些情緒表現，通常會透過一些非語言的資訊傳達出來，比如姿態、動作、表情、服飾、語調等，如果無法識別這些非語言中的情緒，就無法理解他人的真實意圖，當然也就無法成功地與人交流。

實際上，很多不快和衝突，都是由於當事人沒有注意或準確判斷對方的心理和情緒造成的。因此，識別對方的情緒，從對方的行為、姿態、表情、服飾等方面，看出對方的內心情感和欲望，這是一種高EQ的表現，是建立良好人際關係的基礎。

身體語言才是人類最常用，也是最基本的表達和溝通方式。理解和掌握身體語言，意味著在交談的過程中，能夠充分了解對方通過身體動作有意或者無意間向外傳達的資訊。

經驗豐富的家長，很容易就可以察覺出自己的孩子有沒有說謊，就如同《格林童話》中那個故事一樣：小木偶的鼻子，在他說謊的時候會變長。當孩子費盡心機編造故事情節時，他的身體和眼神已經出賣他了。這種情況下，真正說話的不是他的嘴巴，而是他的身體。

人們在向他人傳遞資訊的時候，可借助各種輔助手段來表達。諸如語言、聲調、手勢、眼神、面部表情……，而像手勢和面部表情等都屬於「無聲語言」，有人形容他人「口是心非」，也就是說嘴巴表達的可以隨意改變，而無聲的語言依然會洩露其心中的祕密。

尼克森（Richard Milhous Nixon）捲入「水門事件」後，在一次接受記者採訪時，出現了摸弄臉頰、下巴等動作。而在「水門事件」爆發前，尼克森從未有過這種動作，心理學家法斯特教授據此認為，尼克森與該事件肯定脫離不了干係。而事實證明，他的判斷是正確的。

臉部表情在反映一個人的情緒中占有很重要的地位，它是鑒別情緒的主要標誌。當然一個人的內心世界不只是從臉部表現出來，當人們努力抑制臉部表情的變化時，他的身體其他部位會在無意中洩露真情。

例如，一個人用和藹微笑的面容去掩飾對對方的憤怒時，他那緊握的拳頭、僵硬的肢體，會明白無誤地告訴對方他的真實情緒。摸自己身體這種「自我接觸」，在心理學上可以解釋為「自我安慰」。為了彌補自身的弱點或掩飾某種情緒，人們往往會無意識地做出種種自我接觸的動作。尼克森的肢體語言，就是由於證據確鑿而不自覺地將其恐懼心理流露了出來。

攤開雙手，是許多人要表示真誠與公開的一個姿勢。義大利人毫無拘束地使用這種姿態，當他們受挫時，便將攤開的手放在胸前，做出「你要我怎麼辦呢」的姿態。而聳肩的姿態也隨著張手和手掌朝上而來，演員常常用到這個姿勢，不只是表現情緒，即使在演員說話前，也能顯示這個角色的開放個性。

看懂他人臉色再說話辦事很重要，察言觀色是成功必備的技能。所謂「觀色」是解析無聲語言的能力，韓非子曾說：「向君主進諫，最忌諱的便是當面觸犯。」

春秋時代的齊國宰相管仲在進諫時總是察言觀色，等到適當的時機再從旁進諫。但是有一次，他一不小心還是觸到了齊桓公的「逆鱗」。

管仲審核國家預算支用的情況時，發現宴客費用居然高達三分之二，而其他的經費只有三分之一。他認為這太浪費，此風斷不可長。於是，管仲立刻去找桓公，當著眾臣的面說：「大王，必須要裁減宴客費用，不能如此奢侈……」

話未說完，齊桓公便面色大變，語氣激動地反駁說：「你為什麼也要這樣說呢？想想看，雖然款待那些賓客稍微隆重了些，但目的也是為了使他們有賓至如歸的感覺，他們回國後才會大力地替我國宣傳。如果怠慢那些賓客，他們一定會不高興，回國後就會大肆說我國的壞話。糧食能夠生產出來，物品也能製造出來，又何必要節省呢？要知道，君主最重視的是聲譽啊！」

「是！是！主公聖明。」管仲不再強爭，即刻退下。

如果換作是一個好辯的人士，在君主盛怒的情況下繼續抗爭下去，可以想像會有什麼後果。管仲的聰明之處在於他善於察言觀色：他從齊桓公的臉色和語氣中察覺到此時齊桓公心情不佳，不會接受勸諫，自己應做到該進則進、該退則退、當止則止，於是他不再繼續損害君主的尊嚴，而是在後來的工作中慢慢影響齊桓公，使問題逐步加以改善。

每個人的舉手投足都反映了其心態和性格，所以，大家可以透過一個人的一舉一動看透其內心。

一、時常搖頭晃腦

平常生活中人們經常看到「搖頭」或「點頭」，以示自己對某件事情的肯定或否定。但如果你看到一個人經常搖頭晃腦的，那麼你或許會猜測他不是得了「搖頭病」，就是精神不正常。我們撇開這種看法而從另一個角度來看，這種人其實特別自信，以至於唯我獨尊。這類人在社交場合很善於表現自己，卻時常遭到別人的厭煩，對事業勇往直前的精神倒是被很多人欣賞。

二、拍打頭部

拍打頭部這個動作多數時候的意思是表示懊悔和自我譴責。他肯定沒把你上次交代的事情放在心上，如果你正在問他「我的事情你辦了沒有」，如果你的朋友中有人有這樣的動作，而他拍打的部位又是後腦杓，那麼他這種人不太注重感情，而且對人苛刻。

他選擇你作為他的朋友，很大程度上是因為你某個方面可以被他利用。時常拍打前額的人一般都是心直口快的人，為人坦率、真誠、富有同情心。這種人如果對你有什麼得罪的話，請記住，他一定不是有意的。

三、邊說邊笑

與這種人交談會使你覺得非常輕鬆和快樂，他們不管自己或他人的講話是否值得笑，有時候連話都還沒講完就笑起來了。他們也並非是不在意與別人的交談，我們只能說這種人「笑神經」特別發達。他們大多性格開朗，對生活要求不太苛刻，很注意「知足常樂」，而且特別富有人情味，無論在什麼地方，他們總會有極好的人緣。

四、邊說話邊打手勢

這種人與他人談話時，只要他們一動嘴，一定會有一個手部動作，攤雙手、擺動手、拍打掌心等等，好像是對他們說話內容的強調。他們做事果斷、自信心強，習慣於在任何場合都把自己塑造成一個領導型人物，很具有一種男子漢的氣概，性格大都屬於外向型。這類人對朋友相當坦誠，但他們不輕易把別人當作自己的知己，踏實肯幹的性格使他們的事業大多小有成就。

五、抹嘴、捏鼻子

習慣於抹嘴或捏鼻子的人，大都喜歡捉弄別人，卻又不能「敢作敢當」。他們的唯一愛好是「嘩眾取寵」，眼見你氣得咬牙切齒，他們卻在那兒高興得手舞足蹈。這種人最終是被人支配的人。別人要他做什麼，他就可能做什麼。如果他們進百貨店或者商場，售貨員最喜歡的就是這種人。也許他們根本什麼都不準備買，但只要有人說「先生，這件你穿很好看」，他們就會買下。

熟悉和了解身體的語言，可以使你更加清楚地表達自己的意圖。在人際交流中，一方面，你要把自己的意思通過身體語言表達出來，另一方面，需要能夠清楚地了解別人透過身體語言所表達的資訊，並且做出回應。

套用一點色彩心理學

慢情緒關鍵字

正因為「素」所以才能畫上各式各樣的色彩呀！

色彩心理學是怎麼回事？自古以來，人類就沒有停止過探究自我的腳步。西元前四百年，被西方尊為「醫學之父」的古希臘著名醫生希波克拉底提出了著名的「體液學說」，認為人體由血液、黏液、黃膽和黑膽四種體液組成，四種體液在人體內的比例不同，形成了人的不同氣質：多血質、黏液質、膽汁質和抑鬱質。血液具有濕熱的性能，因此多血質的人溫而潤，性情活躍、動作靈敏；黏液具有濕寒的性能，黏液質的人冷酷無情、性情沉靜、動作遲緩；黃膽汁具有乾熱的性能，黃膽汁的人熱而燥，性情急躁、動作迅猛；黑膽汁的人具有乾寒的性能，因此抑鬱質的人性情脆弱、動作遲緩。

現代心理學的鼻祖之一，瑞士著名精神分析學家榮格在前人學說的基礎上進一步研究，把性格分為外向型和內向型。

性格分析一直處於發展狀態，專家們逐步理順了思維脈絡，趨向於將性格分為活潑型、力量型、完美型、平和型。與榮格同一時代的研究者，為了讓更多人更方便、直觀地理解這種性格分類，用色彩為四類性格命名。這種命名方式簡單直接，一目了然。

紅色代表活力、健康、熱情、希望，與活潑型是天然搭檔；黃色給人留下輝煌、希望、功名的印象，因而用來命名力量型；藍色有沉靜、理智、高深等含義，與完美型比較合襯；有和平、安詳、新鮮感覺的綠色，被用來命名平和型。性格色彩心理學就此初具雛形，直到現在還在完善發展的過程中。

其中，四類色彩性格的著名代表人物是以下幾位：

一、紅色人物——徐志摩

徐志摩的愛情，可謂「紅人」之典範。一九一五年，徐志摩與張幼儀結婚。張幼儀出身顯赫富貴卻不嬌縱，相夫教子，恪盡婦道。但徐志摩認為這是「無愛的婚姻」，並愛上了才女林徽因，終與張幼儀離婚。與張幼儀離婚後，徐志摩也沒能與林徽因結婚。

林徽因秀外慧中，是有名的才女，她最終選擇了穩重的建築學家梁思成。徐志摩沒能追求到林徽因，最終在陸小曼身上實現了愛情理想。陸小曼是社交名媛，美豔多才，兩人熱戀時熾熱的情信輯成《愛眉小箚》，成為情書的典範。

徐志摩的每一段感情都那麼轟轟烈烈，掀起了熱烈的社會反響。他雖然承受著很大的壓力，卻絕不委屈真實的情感。

二、藍色人物——弘一大師

弘一大師是一個極品「藍人」，做每一件事都一絲不苟、全力以赴。世上有天資的人很多，然而弘一大師在多個學科都能有了不起的建樹，沒有嚴肅認真的努力是做不到的。弘一大師的藍色人格最顯著的地方是他選擇了律宗。

眾所周知，律宗戒律精嚴，難以修行，數百年來修行的人很少，直到弘一大師方才復興。出家人注重五戒，殺生、偷盜、邪淫、妄語、飲酒都是在嚴格禁止之列的。弘一大師出家二十四年，一直嚴守戒律，沒有片刻懈怠，心思之細膩，持戒之嚴格，讓人嘆服，弘一大師不但成功修行了律宗，還成為「重興南山律宗第十一代祖師」，使人不能不震撼於藍色人格執著堅忍的耐力。

三、黃色人物——艾瑪・華森

《哈利波特》中妙麗・格蘭傑的扮演者艾瑪・華森（Emma Charlotte Duerre Watson）是這類人的典型代表。「黃人」向來有「倚天一出，誰與爭鋒」的氣勢。他們漠視別人的感受，總喜歡把自己擺在第一位。一旦有機會攀至一定的地位，他們會充分抓住機會顯示自己的與眾不同。

四、綠色人物——奈良鹿丸

綠色性格的著名代表人物，我們選擇的是備受廣大青少年喜愛的日本漫畫《火影忍者》中的奈良鹿丸。鹿丸的經典語錄是：「我啊，只想安穩地做個忍者，安穩地生活，和一個不美也不醜的普通女人安穩地結婚，生兩個小孩，第一個是女孩，之後是男孩，等女兒結了婚兒子獨立後便退休，之後閒時和朋友下象棋或圍棋，過著優哉遊哉的隱居生活，然後先太太一步離開這個世界，能有這種人生就好了。」樂天知命，與世無爭，平淡、平凡、平實，鹿丸可謂「綠得不能再綠」。

這樣一位悠哉的人物，竟出人意料地在中忍考試中大放光彩，成為通過那次考試的唯一一人。在情況突變、村子遭受攻擊的情況下，鹿丸處驚不亂，安排夥伴們成功地牽制了敵方的幾位中忍，他還不顧個人安危承擔了最危險的任務。

性格與生俱來，它決定了你遇到一件事情後的第一反應。比如紅、黃、藍、綠四色人一起出行，半路上遇到一隻小狗，「紅人」一定興奮地躥過去大叫「好可愛」，並伸出雙手，使出渾身解數想抱一抱小狗。「綠人」會饒有興趣地蹲在旁邊看著「紅人」逗弄小狗，覺得很開心。「藍人」則會小聲嘀咕：「這小狗真髒，看起來好久沒洗澡了，會不會是流浪狗？」此刻「黃人」則會靜默不語地立在旁邊做出微笑的樣子，心裡卻在想：「這狗怎麼和紅色那小子那麼親近，看也不看我一眼，太沒面子了！」紅、黃、藍、綠四種人的反應，各有特色，完全是無意識的，正所謂性格天註定。

性格色彩無所謂優劣之說，正如同花朵，你不能說牡丹鮮豔多姿就比別的花高貴。只能說，我們在生活中扮演著不同的角色，不同的性格色彩或多或少會對你的人生角色有所影響。總之，一個人無論擁有怎樣的性格色彩，一定都能呈現出一個全新的自己。

測驗

你具備親和力嗎？

1.近期工作很多，你的下屬卻在此時提出請假，而且是因為私人的事情（對他來說很重要），你會怎麼做呢？

□ A.由於太忙，不予批准

□ B.告訴他你很想幫助他，但現在實在是太忙了

□ C.給他一定的時間，讓他安心處理好事情，並儘可能地給予幫助

2.假如你是剛上任的部門經理，你會怎樣處理與下屬的關係？

□ A.公是公、私是私，不與下屬有過多私人交往

□ B.新官上任三把火，對下屬嚴格要求以樹立自己的威信

□ C.主動與下屬交朋友，參加集體活動

3.作為上司，在實施重要計畫之前，你認為：

□A.先取得下屬贊同

□B.自己要有魄力決定一切

□C.應該由下屬決定一切

4.你對下屬的看法是：

□A.對能力較差的下屬應多監督

□B.應親近能力較強的下屬

□C.應以平等的態度對待每一名下屬

5.如果你是位經理，你的下屬生病請假了，你會怎麼做呢？

□A.利用業餘時間去照顧他，希望他早日康復

□B.打個電話問候一下

□C.一聽說他生病了就去看他

6.你是經理，一位下屬向你獻上有關提高效率的建議，他的建議是你過去已想過並打算實施的，那麼，下面哪種方法較好？

□A.告訴他你真實的想法，但也對他給予充分的肯定

□B.閉口不提你以前的想法，只讚揚他的合作精神

□C.告訴他這是自己早就想到的，並且正準備實施

7.你是經理，你的下屬在工作中出了錯誤，而且錯誤給公司帶來了很大的損失，公司上層準備嚴肅處理，此時，你會怎麼辦？

□A.讓下屬認識事情的嚴重性，讓他作自我檢討

□B.安慰犯錯的下屬，告訴他誰都可能犯錯

□C.與下屬一起思過，主動與下屬一起承擔責任

8.你希望一位執拗的同事按你的建議去做，應怎麼辦？

□A.盡量使他認識到建議至少有一部分出自他的頭腦

□B.盡量找出他建議中的問題讓他主動放棄

□C.說出自己建議的優點讓他接受

9.假設你是鞋店老闆，有位女士來你店中買鞋，由於她右腳略大於左腳，總也找不到她能穿的鞋，你覺得應該如何解釋，你會如何措辭？

□A.「女士，你的右腳比左腳大。」

□B.「女士，你的左腳比右腳小。」

□C.「女士，你的兩隻腳不一樣大。」

10.關於對下屬進行讚揚和批評，你的看法是：

□A.對犯錯的下屬要嚴厲批評，以免重蹈覆轍

□B.經常讚美下屬，使他們積極地工作

□C.慎用讚美，以免下屬過於驕傲自滿

參考答案：

1．C　2．C　3．A　4．C　5．B　6．A　7．C　8．A　9．B

10．B

測試結果：

答對六題以下：說明你的親和力較差。你缺乏領導者的素質，你現在不應做成為領導者的美夢，應該在生活中、工作中多多培養自己的親和力，與人為善、平易近人。

答對六至八題：說明你的親和力一般。你也許能成為領導者，可你不會是一個優秀的領導者，但也不必氣餒，在工作中你應與同事打成一片，和他們建立深厚的友誼，只要具有深厚的友誼，誰又能說你不具備親和力呢？

答對八題以上：說明你具有較強的親和力。如果你成為了領導者，你會注意與下屬交往時的話語，你關心下屬、勇於承擔責任，你與員工之間存在著濃厚的友情，在你的領導下，團隊內部氣氛會很和諧。可以說，你會是一位受下屬愛戴、敬仰和平易近人的領導。

第6章

改善關係，增進交際

良好的人際關係，可使工作成功率與個人幸福達成率達百分之八十五以上；一個人獲得成功的因素中，百分之八十五決定於人際關係，而知識、技術、經驗等因素僅占百分之十五；大學畢業生中人際關係處理得好的人平均年薪比優等生高百分之十五，比普通生高出百分之三十三……

高EQ贏得高成就

慢情緒關鍵字

越是高位之人，越需要透過EQ與情感策動，去建立良好關係。

EQ研究專家告訴我們，一個懂得控管情緒的人不僅在工作上易於成功，還能在生活中如沐春風，愛情上春風得意；不用情緒處理問題的人擔任領導者之位時，能帶領團隊向更大的輝煌邁進；不受情緒擺布的人即使是個職場新人，也能獲得良好的人際關係，為自己的晉升創造良好的條件。

有位老總平時看不出與別的老闆有什麼區別，但有一件事卻讓所有人都感嘆他是個心理學高手。你瞧瞧他是怎樣發紅包的吧！

他把員工一個個叫到自己的辦公室發獎金，常常在員工答禮完畢，正要退出的時候，他叫道：「請稍等一下，這是給你母親的禮物。」說著，他又給員工一個紅包。待員工表示感謝，又準備退出去的時候，他又叫道：「這是給你太太的禮物。」連拿兩份禮物，或者說拿到了兩個意料之外的紅包，員工心裡肯定是很高興的，鞠躬致謝，準備退出辦公室的時候，又聽到董事長大喊：「我忘了，還有一份給你孩子的禮物。」第三個意料之外的紅包又遞了過來。真不嫌麻煩，四個紅包合成一個不就得了嗎？可是，合在一起，員工會有意外之喜嗎？

這位老總沒有多花一分錢，就買到了員工的心。

在平常，他派員工去做事情，做完了也會給一個意外的獎勵，雖然那是員工分內之事。有一回，總務部的辦事人員把一個不小心寫錯了價格和數量的商品郵件寄了出去，董事長知道後，馬上命令另一個員工將它取回來。

可是，要在那麼多的郵筒當中找一份郵件談何容易。「我怎麼知道他投在哪一個郵筒裡了，別人犯下的錯誤為什麼要我去收拾？沒道理。」這個員工小聲地發著牢騷。

「我想他很有可能是投在附近的郵筒中了，附近郵筒的郵件全部集中在船場郵局，你先去那裡看看吧。」董事長都這樣提醒了，他也只好去了。後來，那個員工在船場郵局果然找到了那份郵件，並把郵件放在了董事長的面前。

「辛苦了！」這位老總露出欣喜的微笑，「這是給你的禮物。」他拿出一份精美的禮物獎賞那個員工。原本一肚子牢騷的員工，再也沒有牢騷了，反倒充滿感激。其實，這份禮物也不見得破費多少。

這位能讓員工做事之後還心懷感激的老闆，真是罕見的心理學高手。有這樣一位老闆是員工的福氣，當然受益最大的還是他自己——只有如此，他才能獲得更大的利益，取得更加不平凡的業績。

說到EQ之高，不得不提到羅斯福總統。

羅斯福在當上總統後立刻加入了新聞俱樂部，以此拉近與新聞記者的距離。他對每一個採訪他的記者都一視同仁、以誠相待，從而和新聞界建立起一種合作互助的關係。記者們不斷從他那裡得到真實、權威的消息，他則借助媒體將他的決策、政見傳達給公眾，有效地控制了輿論走向。

維護總統的形象，似乎成了記者們的義務。羅斯福在國內政敵如雲，經常遭到來自各方的猛烈抨擊，但是他因小兒麻痺症導致的殘疾形象幾乎從未見報，就連最樂於捕捉花邊新聞的記者也從未將他在輪椅上被人抬來抬去的鏡頭拍下來，他在公眾心目中始終保持著高大、堅強、富於人情味的形象。

為了從情感上贏得公眾的支持，羅斯福入主白宮後發表了一次廣播講話，他一改過去播音時正襟危坐的做法，而採取了圍坐在壁爐邊拉家常的形式，在輕鬆的氣氛中分析局勢，暢談政見。這種講話方式讓公眾感到十分親切，被人稱為「爐邊談話」。第二次世界大戰爆發初期，美國國內反戰呼聲很高，羅斯福以「爐邊談話」的方式安撫對戰爭心有餘悸的國民，向他們保證美國不會介入衝突。當法西斯暴行愈演愈烈時，羅斯福又在「爐邊談話」中號召國民拋開同法西斯勢力和平共存的幻想，隨時作好戰爭準備。他的呼籲從情和理兩方面都得到了多數國民的支持，得以兩次修改中立法以適應形勢的需要。當戰火終於從珍珠港燒向美國時，羅斯福再次發表「爐邊談話」，到了這時候，「美國參戰」不僅是總統的命令，也是公眾的強烈呼聲。

在羅斯福走向成功的過程中，高EQ的各項能力在他身上得到了近乎完美的體現。

讚美的神奇力量

慢情緒關鍵字

提醒使人回望，讚美驅人前行。

說話是一門高深的學問，許多問題需要藝術地表達，而投其所好則是人盡皆知的、放之四海而皆準的一條原則——又有誰不喜歡別人談論自己最得意的那一部分呢？

一次，曾國藩用完晚飯後與幾位幕僚閒談，評論當今英雄。他說：「彭玉麟、李鴻章都是大才，為我所不及。我可自許者，只是生平不好諛耳。」

一個幕僚說：「各有所長：彭公威猛，人不敢欺；李公精敏，人不能欺。」說到這裡，他說不下去了。

曾國藩又問：「你們以為我怎樣？」眾人皆低頭沉思。這時，一個管抄寫的後生過來插話道：「曾師是仁德，人不忍欺。」眾人聽了齊拍手。曾國藩十分得意地說：「不敢當，不敢當。」

後生告退而去。曾國藩問：「此是何人？」幕僚告訴他：「此人是揚州人。入過學，家貧，辦事謹慎。」曾國藩聽完後說：「此人有大才，不可埋沒。」

不久，曾國藩升任兩江總督，就派這位後生去揚州任鹽運使。

真可謂是區區一句話，勝讀十年書。這位後生正是抓住了曾國藩自以為「仁德」這一點，投其所好地進行了讚美，結果飛黃騰達。

所謂投其所好，就是說出去的話正中對方下懷，讓他暗自得意、欣喜，既而對說話者刮目相看。

袁世凱竊取了中華民國大總統的職位後，每天做著皇帝夢。有一次袁世凱睡覺時，一位侍婢正好端來參湯，準備供袁世凱醒後進補，誰知不慎將玉碗打翻在地。婢女自知大禍臨頭，嚇得臉色蒼白，渾身打顫。袁世凱醒了，他一看見玉碗被打得粉碎，氣得臉色發紫，大吼道：「今天我非要你的命不可！」

侍婢連忙哭訴道：「不是奴婢之過，有下情不敢上達。」

袁世凱罵道：「快說快說，看你能編什麼鬼話！」

侍婢道：「奴婢端參湯進來，看見床上躺的不是大總統。」

「混帳東西！床上不是我，能是什麼？」

侍婢下跪說道：「床上……床上……床上躺著的是一條五爪大金龍！」

袁世凱一聽，以為自己是真龍轉世，要登上夢寐以求的皇帝寶座了，頓時怒氣全消，高興地拿出一疊鈔票為婢女壓驚。

婢女在生死關頭借由一句恭維妙語，不僅免了殺身之禍，還得到了對方的獎賞。這位侍女能夠保住性命並得到獎賞，在於對袁世凱心理的準確透析，她深知袁世凱一直在做著皇帝的美夢，因此才有親眼看見「大金龍」的說法。

要投其所好，需先了解對方的心思，清楚談話者想要聽什麼樣的話，只有如此才能將話說得滴水不漏。投其所好不是要我們變成愛阿諛奉承的小人，而是一種為了實現我們目的的方法，因為有了投其所好，才會有良好的談話氛圍。試想，如果張廷玉和李衛不會適時讚美，只是挑刺兒，君臣之間會有那麼和諧的氣氛嗎？

謊言中也有可以利用的力量

慢情緒關鍵字

謊言比真實來得虛偽，但溫柔的謊言往往容易讓人相信。

生活中，我們不應該說謊，更討厭別人說謊，但這並不等於說我們每說一句話都是真實的。比如親友們對身患絕症的病人說：「放心吧！醫生說你的病很快就會好起來的。」喪偶的母親對孩子說：「你爸爸去了一個很遠的地方。」其實，有時幾句恰到好處的謊言便能給喪失了信心和鬥志、看不到希望者帶來生機與力量，這就是善意謊言的力量。

一位算命先生講述了這樣一件事：有一次他到一個村子裡去算命。一位久病在床的老人，歷經好多醫生確診，被斷言他的病已無可醫治。老人見到算命先生後強烈要求占一卦。

於是算命先生邊看老者的手，邊有意用謊言試圖給這個將要離開這個世界的老人一些安慰：「透過看你的生命線，你到明年春暖花開之時就會痊癒。」

「真的嗎？」萬沒想到，就這麼一句美妙的謊言，本來躺在床上幾天飯不思、水不喝的老人突然間不知從哪生出來一股力量，用力挪動著身子坐了起來，並追問道：「你說的是真話嗎？」

算命先生肯定地點點頭。老人什麼也沒有說，再次躺下，臉上露出了得病後從未有過的笑容，十分燦爛，就如面對陽光綻放開來的一朵鮮豔的花。

此後，老人開始大口大口地吃飯，精神一天比一天好，因為老人又產生了生的希望。第二年春天，老人真的神奇般地康復，這令許多給他診治過的醫生都大吃一驚。

滾滾紅塵，漫漫人生路，我們不去刻意製造和散佈謊言，但也沒有理由拒絕謊言。

當我們身陷困境，遭受挫折和失敗時，需要的正是別人的謊言；當別人喪失信心，看不到希望時，我們同樣需要學會恰到好處地送上幾句溫馨的謊言。也許因為幾句美妙的謊言我們將會很快走出困境，戰勝挫折和失敗，也許別人會因為我們幾句恰到好處的謊言獲得新生。

出於美好願望的謊言，是人生的滋養品，也是信念的原動力。它讓人從心裡燃起希望之火，確信世界上有愛、有信任、有感動，因而找到更多笑對生活的理由。

善意的謊言，是賦予人性的靈性，體現著情感的細膩和思想的成熟，促使人堅強執著，不由自主地去努力去爭取，最後戰勝脆弱，絕處逢生。生活中，經常能碰到一些善意而美麗的謊言，這些謊言構成了人生的另一種風景。它豐富了人們的生活情趣，使人與人之間的關係更為和諧，生活更愉快和美滿。在災難突然降臨時的謊言，有時就是救命的謊言。

一架運輸機在沙漠裡遇到沙塵暴而迫降，但飛機已經嚴重損毀，無法恢復起飛，通訊設備也徹底損壞，與外界的通訊聯絡中斷。九名乘客和一名駕駛員陷於絕望之中，求生的本能使他們為爭奪有限的乾糧和水而動起干戈。

緊急關頭，一個臨時搭乘飛機的乘客站了出來說：「大家不要驚慌，我是飛機設計師，只要大家齊心協力聽我指揮，就可以修好飛機。」這話好比一針強心劑，穩定了大家的情緒，他們自覺節省水和乾糧，一切井然有序，大家團結起來和風沙困難作鬥爭。

十幾天過去了，飛機並沒有修好，但有一隊往返沙漠裡的商人駝隊經過這裡，搭救了他們。幾天後，人們才發現，那個臨時乘客根本就不是什麼飛機設計師，他是一個對飛機一無所知的小學教師。有人知道真相後就罵他是個騙子，憤怒地責問他：「大家的命都快保不住了，你居然還忍心欺騙我們？」小學教師回答說：「假如我當時不撒謊，大家能活到現在嗎？」

上面的故事告訴我們，善意的謊言是生活的希望，是沙漠中的綠洲，它有時真的能夠改變我們的生命軌道。

善意的謊言具有神奇的力量，鼓舞你一次又一次地做著努力，為了心中的夢想絕不輕言放棄。因為未來的道路完全被歡樂的心情照亮，生活會因此變得更加美好。

美國著名作家歐•亨利的小說《最後一片葉子》裡講述的就是一個善意謊言的故事。

當生病的老人望著凋零衰落的樹葉而淒涼絕望時，充滿愛心的畫家用精心勾畫的一片綠葉去裝飾那棵乾枯的生命之樹，從而維持了一段即將熄滅的生命之光。這難道不是善良的謊言的極致嗎？

如果開誠佈公、直截了當是一種錯誤，我選擇謊言。

如果真情告白、坦率無忌是一種傷害，我選擇謊言。

如果是為了自己或他人不再痛苦、不再憂傷，多一點謊言又有何妨？

謙虛是向上的車輪

慢情緒關鍵字

謙虛是進步的基石，也能獲取幫助與尊重。

有一位年輕的學生，因為取得了一點成就，總是一副高傲的樣子，有一次，他去拜訪一位老教授，老教授家是一所低矮的房子。年輕人習慣昂首闊步地走路，於是進門時只聽「咚」的一聲，他的額頭頓時起了一個大包，痛得他連聲叫喊。迎出來的老教授連忙說：「很疼吧！對於習慣昂頭走路的人來說，這是難免的。」年輕學生終於有所領悟。

太陽無言，自有光芒四射：高山靜默，自巍峨挺拔；藍天不語，自是一種高遠：大地沉靜，自是廣袤無垠。謙虛，是一個人氣質和品格的深刻體現，是一種包容著豐富智慧的美德。如果你成功了，在喜悅之餘，請保持應有的謙虛，這樣頭腦才能清醒，從而確立嶄新的起點和更高的目標。

古人云：「鍥而不捨，金石可鏤。鍥而舍之，朽木不折。」也許你很聰明，但心存浮躁，缺乏意志和恒心，那麼即使有一個好的開始，到頭來也只能是一事無成。生活中，無論是名不見經傳的普通人，還是聲名顯赫的成功人士，都容易被暫時的勝利沖昏頭腦，在浮躁的心理下步入歧途。所以我們一定要戒除浮躁心理，不要讓它葬送了我們美好的人生。

俄國作家契訶夫的謙虛是與生俱來的。他從不以為自己是預言家、導師，甚至是大師。他沒有高人一等優越感，他曾說：「人應該謙虛，不要讓自己的名字像水塘上的氣泡那樣一閃就過去了。」在紀念契訶夫誕生一百周年的時候，著名作家愛倫堡也特別讚美了他謙虛的秉性。

如果你認為自己擁有廣博的知識、高超的技能、卓越的智慧，但如果沒有謙虛鑲邊的話，你就不可能取得燦爛奪目的成就。你要永遠記住：偉人多謙遜，小人多驕傲。太陽穿一件樸素的光衣，白雲卻披了燦爛的裙裾。

比爾・蓋茲曾說：「如果我們有了一點成功便覺得了不起，這是不可取的行為。而如果我們為自己的成功自鳴得意時，有一個人來教訓我們一番，那麼，我們就可以算是幸運了。」

肖恩是一個剛剛畢業的大學生，他不但相貌英俊，而且熱情開朗。他決定找一份面對人權的工作，以發揮自己的長處。很快，他就得到一個好機會——一家五星級飯店正在招聘櫃台工作人員。

肖恩決定去試試，於是第二天清早就去了那家飯店。主持面試的經理接待了他。看得出來，經理對肖恩俊朗的外表和富有感染力的表現相當滿意。他拿定主意，只要肖恩符合這項工作的幾個關鍵指標的要求，他就留下這個小夥子。

他讓肖恩坐在自己對面，開門見山地說：「我們飯店經常接待外賓，所有前臺人員必須會說四國語言，這一指標你能達到嗎？」

「我大學學的是外語，精通法語、德語、日語和阿拉伯語。我的外語成績相當優秀，有時我提出的問題，教授們都支支吾吾答不上來。」肖恩回答說。

事實上，肖恩的外語成績並不突出，只是剛開始上大學時得過一個九十分，他是為了獲取經理的信任而說謊標榜自己。但顯然，他低估了經理的智商。事實上，在肖恩提交自己的求職簡歷時，公司已經收集了有關他的詳細資訊，其中包括肖恩的大學成績單。

聽了肖恩的回答，經理笑了一下，但顯然不是賞識的笑容。接著他又問道：「做一名合格的櫃台人員，需要多方面的知識和能力，你……」

經理的話還沒說完，肖恩就搶先說：「我想我是不成問題的。我的接受能力和反應能力在我所認識的人中是最快的，做櫃台人員絕對會很出色。」他特別指出自己曾經代表全班參加過學校的辯論會。

聽完他的回答，經理站了起來，嚴肅地對他說：「對於你今天的表現，我感到很遺憾，因為你沒能實事求是地說明自己的能力。你的外語成績並不優秀，雖然一開始表現得很有天賦，得過九十分，但畢業時的平均成績只有七十分，而且法語還連續兩個學期不及格。你的反應能力也很平庸，雖然曾代表全班參加辯論會但並沒有獲獎。年輕人，在你想要誇誇其談時，最好想一想——因為每誇誇其談一次，你的誠實和謙遜都要被減去十分。」

在我們的生活中，像肖恩這樣的人並不少見。很多人只知吹噓自己曾經取得的一點點輝煌，誇耀自己的能力學識，以為這便是成功，殊不知，這只是一個開始，在開始的時候便驕傲和吹噓，就無法邁出繼續前進的步伐，永遠無法達到成功的下一站，最終斷送了自己的成功。

謙遜基於力量，自負基於無能。你誇耀自己的過往和自我表揚並不能為你贏得好的機會，只會斷送你的前程。

艾爾特伯．哈伯特說過，每個人一天起碼有五分鐘不夠聰明，智慧似乎也有無力感。你不能一有成績，就像皮球一樣，別人拍不得，輕輕一拍，就跳得老高。EQ研究專家告訴我們：只有不滿足才是向上的車輪。一個能贏得最後勝利的人，會站在成功面前，以一顆平和的心面對未來，做一株飽滿而低垂的稻穗，只有這樣，才能把自己的成就保持長久。

記住對方的姓名，是最有效的讚美

慢情緒關鍵字

除了熟記名字，用對方偏愛的方式稱呼他，更能拉近關係。

哈佛大學的教授們經常告訴學生：「記住別人的名字，而且能輕易地叫出來，等於給別人一個巧妙而有效的讚美。」

安德魯・卡內基就是認識到這一點才成為鋼鐵大王的。

小時候，卡內基曾經抓到一窩小兔子，但是沒有東西餵食牠們。於是，他想出一個絕妙的主意。他對周圍的孩子們說：「你們誰能給兔子弄點吃的來，我就以你們的名字給小兔子命名。」

這個方法太靈驗了，卡內基一直忘不了。當他為了臥車生意和喬治・普爾門競爭的時候，他又想起了這個故事。

當時，卡內基的中央交通公司正和普爾門的公司爭奪聯合太平洋鐵路公司的臥車生意。雙方互不相讓，大殺其價，使得臥車生意毫無利潤可言。後來，卡內基和普爾門都到紐約去參加聯合太平洋鐵路公司的董事會。有一天晚上，他們在一家飯店相遇了。卡內基說：「普爾門先生，我們別爭了，再爭下去豈不是出自己的洋相嗎？」

「這話怎麼講？」普爾門問。

於是，卡內基把自己早已考慮好的決定告訴他——把他們兩家公司合併起來。他把合作而不是競爭的好處說得天花亂墜，普爾門注意地專注傾聽著，但是沒有完全接受。最後他問：「這個新公司叫什麼呢？」

卡內基毫不猶豫地說：「當然叫普爾門皇宮臥車公司。」

普爾門的眼睛一亮，馬上說：「請到我的房間來，我們來討論一下。」

這次討論翻開了工業史的新一頁。

如果你不重視別人的名字，又有誰來重視你的名字呢？如果有一天你把他人的名字全忘了，那麼，你也很快會被人們遺忘。

記住別人的名字。對他人來說，這是所有語言中最甜蜜、最重要的聲音。人對自己的姓名最感興趣。把一個人的姓名記牢，而且很自然地叫出口，這是一種最簡單、最明顯，又是一種最能獲得對方好感的方法。特別是在上流社會的社交中，因為每個人都是有身分和地位的人，每天都會應對很多人，如果還能記住對方的名字並且親切地喊出來，那麼對於對方來說，這無疑是一種尊重和肯定。

許多人認為，只要不是啞巴，喊名字是一件最容易不過的事情。雖然在日常生活中，我們每天要喊出許多人的名字，但仔細回想起來效果卻不一樣。用清晰的聲音喊出別人的名字，是人際交往的第一步。它意味著我們對別人持一種重視的態度。

喊別人的名字是一門學問，它能給我們帶來好人緣，也能給我們帶來壞名聲。喊名字要懂得語言和地域差別，用北方話直呼他人姓氏令人感到親切，用某些南方話恐怕就不行。喊名字還要懂得分寸和對方的特點，對女性盡量不要稱「老」，對不熟的異性不要稱呼得過於親熱，在姓氏後面加「老」字是一種至尊稱呼，不是隨便用的。例如，我們可以對任何一個年老的人稱呼「老李」、「老陳」，但一般不能叫「李老」或「陳老」，因為後一種稱呼法已超出一般符號意義，而且包含著相當強烈的尊敬色彩。

牢記他人的姓名並得體地稱呼對方，是對對方的一種尊重，也是樹立自己良好形象的一個有效方法。所以在社交中，我們一定要多費心思，記住與你交往的人的姓名，大方得體地叫出來，你會逐漸發現你的人際關係將會有很好的變化。

做一個風趣幽默的人

慢情緒關鍵字
真正的頂級高情商，應該是有幽默感。

幽默可以帶給人們歡悅，讓自己擺脫尷尬，化險為夷。幽默，可以緩和緊張的氣氛，使大家相處得愉快，共處得融洽。

幽默是以機智為基礎的，但又和機智不完全相同。機智可以把風馬牛不相及的事物巧妙地融為一體，給人機智聰慧的感覺，而幽默是得體的玩笑。幽默運用得法，可以使一個懷有敵意的人啞口無言，也可以解除尷尬的局面，贏得別人的鼓掌喝彩。

著名作家馬克・吐溫（Mark Twain）是位有名的幽默大師。有一次，馬克・吐溫去拜訪法國名人波蓋，談話當中，波蓋取笑美國歷史很短：「美國人沒事做的時候，往往愛懷念他的祖宗，可是一想到他的祖父那一代，就不能不停止了。」

馬克・吐溫聽完之後淡淡一笑，以詼諧輕鬆的語氣說：「當法國人沒事的時候，總是盡力想他的父親到底是誰。」

幽默有時是文雅的，有時是含有暗示用意的，有時是高級的。切忌在交際中開低級趣味的玩笑，或以此為幽默。低級趣味的玩笑形如譏笑，有時一句普通的譏諷話會使人當場丟臉，反目成仇，所以在社交場合中，幽默應該顯示人的高尚、斯文才好。

在社交場上，談笑也要注意。應恰如其分，因地因時制宜。如果一味地說俏皮話，無限制地幽默，其結果也會適得其反。譬如，你把一個笑話反覆講了三遍、五遍，起初人家還會認為你很風趣，到後來聽厭了後，會感到呆板、噁心。

如果你的幽默帶著惡意的攻擊，以挖苦別人為目的，那還是不說為妙。再好的糖衣，如果包裹的是毒藥，也會置人於死地。

幽默風趣並不是油滑、淺薄的耍貧嘴、打哈哈，它應當是智慧和靈感的閃光，含而不露地引發聯想，出神入化地推動人們領悟一種觀點、一種哲理，它傳達著豐富的資訊。

那麼，如何使自己具有幽默感呢？EQ研究專家告訴我們：

一、要在構思上下工夫，掌握必要的技巧

幽默風趣是一種「快語藝術」，它突破慣性思維，遵循反常原則，想得快、說得快，觸景即發、涉事成趣，出人意料之外，又在情理之中。

二、要注意靈活運用修辭手法

表達時，特殊的語氣、語調、語速以及半遮半掩、濃淡相宜或者委婉圓巧、引而不發，甚至一個姿勢、一個心照不宣的微笑，都能表達意味深長的幽默和風趣。

三、注意搜集幽默素材

豐富多彩的生活提供了許多有趣的素材，這些素材無意識地進入我們記憶倉庫的也很多，我們如果做個有心人，就會使自己的語言材料豐富起來。

四、利用「趣味思維方式」捕捉喜劇因素

「趣味思維」是一種反常的「錯位思維」，這種人不按照普通人的思路想，而是「岔」

到有趣的一面去，產生了詼諧的效果。

幽默作為一種「錯位」語言藝術，構成令人捧腹的幽默，因此要突破常規思維，這樣才能巧發奇中。高明的風趣和幽默益智明理，折射出一個人的美好心靈，它是以不傷害別人為前提的。趣說自己，是把自己看作幽默對象，風趣地介紹自己的缺點、優點、特有的經歷和思想感情等，有時也是一種高超的應變技巧。

一八六〇年，美國大富翁道格拉斯作為民主黨總統候選人公開羞辱共和黨總統候選人林肯：「我要讓林肯這個鄉巴佬聞聞我們貴族的氣味！」

後來，林肯這個沒有專車、乘車自己買票或乘朋友提供的耕田用的馬拉車的總統候選人，在發表競選演說時這樣介紹自己：「有人寫信，問我有多少財產。我有一個妻子和三個兒子，都是無價之寶。此外，還租了一個辦公室，室內有辦公桌一張、椅子三把，牆角還有一個大書架，架上的書值得每人一讀。我本人，既窮又瘦，臉蛋很長，不會發福。我實在沒有什麼可依靠的，唯一可依靠的就是你們。」

幽默固然重要，但幽默要注意時機，應時應景而說，它有助於調節情緒、活躍氣氛。

講笑話時要重視笑話的結尾，它是笑話的關鍵部分，要講得更清晰些，說得乾淨俐落。幽默還要注意不摻雜別人的隱私，不要有指桑罵槐的副作用，不失分寸與禮貌，以增進「好感度」為前提，才是幽默的門道。

微笑是EQ的代言人

慢情緒關鍵字

不要把微笑只送給外人，卻把脾氣全留給至親。

微笑作為一種表情，它不僅是形象的外在表現，而且也往往反映著人的內在精神狀態，折射著一個人EQ的高低。一個奮發進取、樂觀向上的人，一個對本職工作充滿熱情的人，總是微笑著面對生活、走向社會的。在交際中，微笑的魅力是無窮的，它就像巨大的磁鐵吸片一樣，吸引著你周圍的人們。

在微笑時，任何的不愉快或不自然的感覺都在你心中趨向靜止和平衡。向別人微笑時，你是在以一種巧妙而高尚的方式向別人袒露你喜歡他的心跡，他會理解你的意思而去加倍喜歡你。微笑的習慣，帶給你的是完美的個人形象和愉快的生活環境。

在二〇〇八年的北京奧運會開幕式上，我們看到了來自世界各地的孩童笑臉的圖片出現在大螢幕上；在奧斯維辛集中營的紀念館內，也有大量受難兒童的照片——他們不是在哭泣，而是在微笑，而這微笑更加令我們心痛……

加州大學心理學教授詹姆斯說，微笑永遠有魅力。這是有科學依據的：當你在微笑時，你的精神狀態最為輕鬆，全身的肌肉處於鬆弛狀態，而且你的心理狀態也就相對穩定，當你那充滿笑意的眼光與別人的目光相遇時，你的笑意會通過這道「無形的眼橋」傳遞給他，他會被你的快樂情緒所感染。自然而然地，你們之間的氣氛會變得和諧，你們相處得融洽，交流起來也容易多了。

紐約股票場外經紀人瓦利安•史達哈德有一段「微笑改變生活」的經歷：

「我結婚十八年來，以前在家中從沒對妻子展露過笑容，可說是世上最難伺候的丈夫了。為了完成關於笑的試驗，我試著笑一個禮拜看看。就在試驗的第二天早上，我邊整理頭髮，邊對著鏡中板著臉孔的自己說：『比爾，今天收起這種不愉快的表情，讓我看看笑容，趕快笑吧！』早餐的時候，我一面對太太說早安，一面對她微微一笑。我太太非常吃驚。事實上，不但如此，她簡直是深受震撼。從此我每天都那樣做。到目前為止，已經持續了兩個月。態度改變以來的這兩個月，我感受到前所未有的幸福感，使我們的家庭生活十分愉快。」

「現在，每天走入電梯我會對服務生微笑道早安，對警衛先生也以微笑招呼，在地鐵視窗找零錢時也是這麼做的。即使在交易所，對那些沒看過我笑臉的人，也都報以微笑。不久我發現，大家也都會還我一笑，而對於那些有所不滿、煩憂的人，我也以愉快的態度與其相處。在帶著微笑傾聽他們的牢騷後，問題的解決也變得容易多了。我也不再責備人，相反地，我開始懂得去褒揚別人；絕口不提自己所要的，而時時站在別人的立場體貼人。正因為如此，我生活上整個發生了變化。現在的我和以前的我完全不同，是一個收入增加、交友順利的人了。我想，作為一個人，沒有比這更幸福的了。」

當你不知道自己和新朋友、新老師見面的時候該帶上什麼見面禮，就帶上一個真誠的微笑吧，那將成為最好的語言與禮物。

測驗

你的社交能力如何？

這份社交能力自測，共包括三十道題，你可按照自己的符合程度進行打分，凡符合者打五分，基本符合者打四分，難於判斷打三分，基本不符合者打兩分，完全不符合者打一分，最後統計總得分。

1. 我上朋友家做客，首先會問有沒有不熟悉的人出席，如有，我的熱情就明顯下降。（ ）
2. 我看見陌生人常常覺得無話可說。（ ）
3. 在陌生的異性面前，我常感到手足無措。（ ）
4. 我不喜歡在大庭廣眾面前講話。（ ）

5. 我的文字表達能力遠比口頭表達能力強。（　）
6. 在公共場合講話，我不敢看聽眾的眼睛。（　）
7. 我不喜歡廣交朋友。（　）
8. 我的要好朋友很少。（　）
9. 我只喜歡與我談得攏的人接近。（　）
10. 到一個新環境，我可以接連好幾天不講話。（　）
11. 如果沒有熟人在場，我感到很難找到彼此交談的話題。（　）
12. 如果要在「主持會議」與「做會議記錄」這兩項工作中挑一樣，我肯定是挑選後者。（　）
13. 參加一次新的集會，我不會結識多少人。（　）
14. 別人請求我幫助而我無法滿足對方要求時，我常感到很難對人開口。（　）
15. 不是不得已，我決不求助於人，這倒不是我個性好強，而是感到很難對人開口。（　）
16. 我很少主動到同學、朋友家串門。（　）

17. 我不習慣和別人聊天。（ ）
18. 領導或老師在場時，我講話特別緊張。（ ）
19. 我不善於說服人，儘管有時我覺得很有道理。（ ）
20. 有人對我不友好時，我常常找不到恰當的對策。（ ）
21. 我不知道如何和嫉妒我的人相處。（ ）
22. 我和別人的友誼發展，多數是別人採取主動態度。（ ）
23. 我最怕在社交場合中碰到令人尷尬的事情。（ ）
24. 我不善於讚美別人，感到很難把話說得自然親切。（ ）
25. 別人話中帶刺揶揄我，除了生氣外，我別無他法。（ ）
26. 我最怕做接待工作，不喜歡與陌生人打交道。（ ）
27. 參加集會，我總是坐在熟人旁邊。（ ）
28. 我的朋友都是與我年齡相仿的。（ ）
29. 我幾乎沒有異性朋友。（ ）
30. 我不喜歡與地位比我高的人交往，我感到這種交往很拘束，很不自在。（ ）

計分方法：

把你的得分相加即為本測驗的總分。你的總分越高，你的社交能力就越差；反之，你的總分越低，你的社交能力就越強。

測試結果：

如果你的總分大於一百二十分，那麼你的社交能力存在很大的問題，你不太善於與人交往或你不喜歡社交，社交對於你來說，是一件痛苦或讓人害怕的事。你在社交場合，習慣於退縮逃避，你對自己的社交能力沒有自信，你還沒有學會如何與別人尤其是陌生人打交道。為此，你要走出自我封閉的圈子，嘗試去與人交往，不怕失敗和尷尬，你會發現人際交往帶給你的許多樂趣和益處。

如果你的總分在九十一至一百二十分之間，你的社交能力還有待進一步提高，你對人際交往還有些拘謹和尷尬。但你是可以交往的，如果你更大膽些，更多地注意培養自己的社交能力，那麼你將會從社交活動中獲得更大的快樂和成功。

如果你的總分在七十至九十分之間，你的社交能力尚可。

如果你的總分低於七十分，那麼，你是一個善於社交的人，你喜歡交往，能從社交中獲得快樂和收穫。你能與不同的人相處，能較快地適應環境。

第7章

促進情感，提升幸福

世界上沒有什麼地方比自己的家更舒適，它不僅是一處住所，不僅是工作之餘休息的地方，更是心靈唯一的綠洲和安憩之地。懂得控管情緒的人除了能把工作做得出色，還會調整好家庭與工作的關係，他們清楚這二者可在自己的調理下和諧發展，絕不是一個互相矛盾的衝突關係。

平衡工作與家庭的關係

慢情緒關鍵字

活用情商能讓生活與工作取得最佳平衡。

現代社會中，很多精英都異常忙碌，但他們卻指出，工作中的高EQ絕不是指單純的認真，辛苦到把工作當作生活全部的人，並不就是會成功的人。

有三個商人，他們死後一起去見上帝，討論他們在世時的功績，並請上帝打分。第一個商人說：「儘管我經營的生意很不理想，公司差不多快倒閉了，可我和我的家人都不在意，我們把錢看得很輕，我們生活得很愉快。」上帝給這個人打了五十分。

第二個商人說：「我的大部分時間都花在生意上，很少有時間和家人待在一起，我只關心我的生意，在我死之前，我已經是億萬富翁了。」上帝給他也打了五十分。

第三個商人說：「我在世時，雖然每天都忙於生意，但我更看重家庭，盡力抽時間照顧家人和陪伴家人。我的朋友也很多，我和他們很談得來，我們經常去打高爾夫球，在娛樂中就把生意談成了，我覺得活在世上很有意義。」這個人得了一百分。

除了工作，還有家庭和朋友，這是上帝打分的原則。工作是工作，生活是生活，兩者應儘可能地區分開來。倘若混淆界限，讓工作占去一部分生活空間，則弊大於利。

工作是重要的，但生活同樣重要，不管你是否工作，生活總得繼續。不要認為工作狂就是偉大的，工作狂往往會忽略家人的情感需要，這是不可取的。

高EQ的人除了能把工作做得出色，還會調節好家庭與工作的關係，他們清楚這兩者可在自己的調理下和諧發展，絕不是一個互相矛盾的衝突關係。

慢情緒連接金星與火星

慢情緒關鍵字

愛的前提之下，人或許不講道理，但不能沒有分寸。

心理學博士、國際知名的人際關係和情感問題研究專家約翰・格雷（John Gray），用了整整七年時間，諮詢調查了兩萬五千餘人，推出了《男人來自火星，女人來自金星》一書。該書一經出版，立刻轟動世界，被譽為迄今為止世界上最著名的兩性情感關係圖書。

作者以男女來自不同的星球這一新鮮、生動、形象的比喻作為他的全部實踐活動的理論支撐點，即男人和女人無論是在生理上還是心理上，無論是在語言上還是在情感上，都是大不相同的。當來自火星的男人和來自金星的女人共同組成了一個家庭，又會怎樣呢？無數的爭吵在家庭裡發生，無數的委屈在男人和女人心裡得不到發洩。其實，家，是講情的地方，不是說理的地方。夫妻之間若要論理，則家無寧日。

兩性關係專家告訴我們，不要試圖同你的配偶講道理，因為家庭本來就不是一個講理的地方。

有這樣一對老夫妻，當他們得知女兒要結婚時，心裡非常高興，夫婦倆送給女兒一個錦囊，裡面有封信，在信中他們把自己多年的婚姻生活體驗告訴了孩子，作為祝福她婚姻的禮物。

他們在信中告訴女兒：「家不是個講道理的地方。」他們對此解釋說：「這句話乍聽沒有道理，但卻是真理，是多少夫婦用多少歲月、嘗了多少辛酸，在糾纏不清、難解難分的愛恨、是非的混亂中，梳理出來的一個結論。當夫婦開始據理力爭時，婚姻便開始蒙上陰霾。表面上是講道理，其實兩人都不自覺地抱著滿腦子自以為是的歪理，相互敵視，互相傷害。講理講到最後，只會落得個兩敗俱傷、分道揚鑣的結局。」

「家」的確不是講理的地方，家是講「愛」的地方，家最需要的是寬容和理解。

有人說，世上有三種人可以不講理：一是瘋子，二是病人，三是情人。情人為什麼可以不講理呢？因為兩人之間有感情、有依賴和信任等，不是可以用道理說清楚的東西。既然用道理無法說清楚，講道理自然就行不通了。

談戀愛的時候，男人似乎很能容忍女人的不講理。有時候，女友的蠻橫、賭氣、吵吵鬧鬧反而是愛情中的小插曲，能把愛情點綴得更甜蜜。可是，女友一旦成為妻子，男人的好脾氣一下子就消失了，因為他們已轉換成丈夫，變成一家之主了。但女人的角色轉換過程比較慢，她們大都還在做夢，隔三差五還想跟丈夫賭賭氣，耍耍大小姐脾氣，還想讓丈夫哄著她讓著她。不幸的是，她們的丈夫早已不是那個戀愛時處處讓著她的男孩子了，他們會生氣，會開始要求老婆「做事說話請講道理」。而這個「講道理」，免不了就要傷害夫妻間的感情。

有人說，男女兩性的感情歷程不同，男人是從百花齊放的春天很快進入炎熱的夏季，而熾熱的情火燃燒之後就迅速地進入成熟的秋天，不久，寒冷的冬季就來臨了。女人不一樣，她們長久地在春日裡徘徊，很久很久才進入燃燒的夏季，接著，她們並不馬上步入秋日的成熟，而是緩緩地再度轉回春季，繼續徜徉在溫暖的春光。所以，有很多女人，包括一些十分優秀的女人，在自己的愛人面前，感情都脆弱得很，是禁不住打擊的。

小萍是一位中年職業婦女，在公司裡當主管，她平時待人謙和，處理公事有條有理，對待親朋好友謙和有禮。可是在家裡，尤其是在丈夫面前，她卻常發脾氣，有時還會莫名其妙地和丈夫慪氣。

剛開始，丈夫很不能諒解，對她說：「妳是個明理的人，怎麼偏偏跟我在一起會這麼不講理呢？」

小萍想了一想，回答說：「我只能跟你發脾氣，跟別人發脾氣，誰理我呀？」

雖然這個回答聽上去蠻不講理，但從妻子的口中說出來卻很自然。這時候，做丈夫的能夠和妻子爭辯嗎？爭辯又有什麼用呢？只會浪費體力、破壞感情而已。

寬容與體貼是增進夫妻感情的良藥。事實上，如果每個男人都能學會如何與妻子和諧相處，多多注意她的優點，並且適時地告訴她，她很快地滿足了。

有人說：「稱讚她穿的舊衣服漂亮，她就不會要流行的新衣；吻一下妻子的眼睛，她就會變成瞎子；吻一下她的嘴唇，她就變成啞巴。」女人其實並不難懂，只要多一分關心，多一分寬容，她就會是你這輩子得到的最好的禮物。

原來，不管是來自火星還是來自金星，只有兩個人共同經營的時候，二人世界才會變得越來越甜蜜。所以，當感受到對方已經身心疲憊的時候，就應該低下頭去，握住對方的手，讓自己的體貼溫暖對方，保護對方。

雖然有時候，問題的發生並不是我們故意的，或者能夠導致矛盾的產生，也不完全是我們的錯，但是在對方疲憊的時候，給予一點體貼和諒解，才能更加溫潤彼此脆弱的心——而這，才是最重要的。

親子教育的EQ課

慢情緒關鍵字

在孩子人生的情商課中，父母是最初的、也是最重要的老師。

曾有人做過這樣一個實驗：讓一群兒童分別走進一個空蕩蕩的大廳，在大廳最顯著的位置為每個孩子準備了一塊軟糖。測試老師對每一個將要走進去的孩子說：「如果你能堅持到老師回來時還沒把那塊軟糖吃掉的話，將會得到一個獎勵——再給你一塊軟糖，也就是說，你將得到兩塊軟糖。但是，如果你沒等到我回來就把糖吃掉的話，那麼你只能得到一塊。」

實驗開始，孩子們依次走進大廳……

實驗結果發現，有些孩子缺乏控制能力，大人不在，又受不了糖的誘惑，就把糖吃掉了。另外一些孩子，則牢牢記住了老師所講的話，認為自己只要能夠再堅持一會兒，就可以得到兩塊糖，於是，盡量控制住自己。他們並非不受糖的誘惑，而是努力地轉移自己的注意力，他們有的唱歌，有的蹦蹦跳跳，有的乾脆趴在桌子上睡覺，堅持不看那塊軟糖，一直等到老師回來。這樣，他們就得到了獎勵——第二塊軟糖。

專家們把孩子分成兩組：能夠抵禦誘惑、堅持下來得到兩塊軟糖的和不能堅持下來只得到一塊軟糖的孩子，並對他們進行了長期的跟蹤調查。結果發現，在他們長大以後，那些只得到一塊糖的孩子普遍沒有得到兩塊糖的孩子獲得的成就大。

人們在探尋傑出人物成材的道路上，逐漸認識到EQ教育對於他們成長的影響。一些智商普通卻表現出眾的人物，無一不在向世人昭示這一成功的定律，柯林頓總統也是這其中的一位。

柯林頓雖算不上天才人物，但他能登上美國總統的寶座，與他童年和少年的經歷有重大的關係。

柯林頓的童年很不幸。他出生前四個月，父親就死於車禍。他母親因無力養家，只好把出生不久的他託付給自己的父母撫養。童年的柯林頓受到外公和舅舅的深刻影響。他自己說，他從外公身上學會了忍耐和平等待人，從舅舅身上學到了說到做到的男子漢氣魄。他七歲時隨母親和繼父遷往溫泉城，不幸的是，雙親之間常因意見不合而發生激烈衝突。繼父嗜酒成性，酒後經常家暴柯林頓的母親，小柯林頓也經常遭其斥罵。這讓從小就寄養在親戚家的小柯林頓的心靈蒙上了一層陰影。

坎坷的童年生活，使柯林頓形成了盡力表現自己，爭取別人喜歡的性格。柯林頓在中學時代非常活躍，一直積極參與班級和學生會活動，並且有較強的組織和社會活動能力。他是學校合唱隊的主要成員，而且被樂隊指揮定為首席吹奏手。

一九六三年夏天，柯林頓在「中學模擬政府」的競選中被選為參議員，應邀參觀了首都華盛頓，這使他有機會看到了「真正的政治」。參觀白宮時，他受到了甘迺迪總統的接見，不但同總統握了手，而且還和總統合影留念。此次的華盛頓之行是柯林頓人生的轉捩點，使他的理想由當牧師、音樂家、記者或教師轉向了從政。

有了目標和堅強的意志，柯林頓此後三十年的全部努力，都緊緊圍繞這個目標。上大學時，他先讀外交，後讀法律——這些都是政治家必須具備的知識修養。離開學校後，他一步一個腳印：律師、議員、州長，最後是政治家的巔峰——總統。

無論是柯林頓從外公那裡學到的忍耐和平等待人，還是舅舅給予他的「男子漢」氣魄，都是EQ的重要內容，堅定的意志更是EQ不可缺少的一部分。孩子的一些美德與修養來自於家庭的培養，父母是孩子們EQ學習的榜樣。

從前，有個老實的小夥子叫漢斯，他一個人住在一間小屋子裡，他非常勤勞，擁有一座村莊裡最美麗的花園。

漢斯有很多的朋友，其中有一個和他最要好的朋友叫大休。大休是個磨坊主，他是個很富有的人，他總是自稱是漢斯最要好的朋友，因此他每次去漢斯的花園時，都以最好的朋友的身分拎走一大籃子美麗的鮮花，在水果成熟的季節還拿走許多水果。磨坊主經常說：「真正的朋友就該分享一切。」但他從來沒有給過漢斯任何回贈。

冬天的時候，漢斯的花園枯萎了。「忠實的」磨坊主朋友不再去看望孤獨、寒冷、饑餓的漢斯。磨坊主還在他家裡發表關於友誼的高論：「冬天去看漢斯是不恰當的，當人經受困難的時候心情煩躁，這時候必須讓他們擁有一份寧靜，打擾他們是不好的。而春天來的時候就不一樣了，漢斯花園裡的花都開了，我去他那裡摘採回一大籃子的鮮花，這會讓他多麼高興啊！」磨坊主天真無邪的兒子問他：「爸爸，為什麼不讓漢斯到咱們家來呢？我會把我的好吃的、好玩的都分給他一半。」

磨坊主被兒子的話氣壞了，他怒斥這個上了學卻「仍然什麼都不懂」的孩子，他說：「如果漢斯來到我們家，看到我們燒得暖烘烘的火爐、豐盛的晚飯以及甜美的紅葡萄酒，他就會心生妒意，而嫉妒則是友誼的大敵。」

多麼虛假的磨坊主，在他這種「教育」下，本來心靈美好的孩子該有多大的變化啊？如同著名的媒體人楊瀾所言：「關於孩子的培養，我並不看重他會彈什麼琴，畫什麼畫，我更在意培養他面對困難時的性格以及健全的人格。」因此，父母們在教育孩子的同時，更應注意自己的言行，讓孩子擁有健康的人格是每個家長的義務。

家就是最好的「EQ教室」

慢情緒關鍵字

學情商不用高深的學問與教學，照顧好家人的情緒，就能得到最佳回饋。

哈佛教授奧里森・馬登（Orison Marden）說：「愛是一把金鑰匙，有了這把鑰匙，一切心扉都向你敞開。」家庭幸福是人類的第一恩物，所以盡你的所能維繫它的穩定與幸福是命運之神交給你的義務。

世界上沒有什麼地方比自己的家更舒適，它不僅是一處住所，不僅是工作之餘休息的地方，更是心靈唯一的綠洲和安憩之地。不過，理想的幸福家庭既不遙遠，也不會自天而降。它應靠親情和愛情去維繫，靠全家人齊心協力去維繫。

現代社會生活節奏很快，尤其是一些大都市，每個人步履匆匆。上班族喊賺錢不易，養家太難；當老闆的感慨市場競爭激烈；壓力太大幾乎成了每個成年人的口頭禪、心頭病。在這種環境之下，如果回到家中還帶著工作情緒，肯定要影響到家庭生活。

所以，要學著盡量帶給家人快樂、輕鬆，而不是一張冰冷的臉。

李平去一個朋友家做客，出了電梯，見門上掛了一方木牌，上頭寫著兩行字：「進門前，請脫去煩惱；回家時，帶快樂回來。」進屋後，他發現男女主人一團和氣，兩個孩子大方有禮，一種看不見卻感覺得到的溫馨、和諧氣氛，滿滿充盈著整個房間。

當李平問及「木牌的故事」時，女主人笑著望向男主人：「你說。」男主人則溫柔地瞅著女主人：「還是妳說，因為這是妳的創意。」女主人甜蜜笑道：「應該說是我們全家人共同的理念才對。其實也沒什麼大學問，一開始只是提醒我自己，身為女主人有責任把這個家經營得更好……而直接的原因，是有一回我在電梯鏡子看到一張充滿疲困、灰暗的臉，一雙緊擰的眉毛，下垂的嘴角，煩愁的眼睛……我的這幅模樣把自己嚇了一大跳。於是，我開始想，當孩子、丈夫面對這樣愁苦暗沉的面孔時，會有什麼感覺？假如我面對的也是他們的這樣的臉孔時，又會有什麼反應？我想到孩子在餐桌上的沉默、丈夫的冷淡，這些在原先意念都認定是他們不對的事實背後，是不是隱藏了另一項我不了解的原因？而真正的原因，竟是我自己！當晚我和丈夫長談，第二天就寫了一方木牌釘在門上以提醒自己，結果被提醒的不只是我，而是全家人……」

我們習慣自私地將包袱甩給他人，尤其我們的伴侶，其實對方本無義務承受。「家」是一個硬體，「人」是發揮功用的軟體。如果每個人都帶著煩惱與不快回家，一定會使整個家陷入愁雲慘霧之中。我們並不是告訴大家「報喜不報憂」，互相分享也互相分擔，是家的功用之一，但分擔的意義是透過溝通以達到目的，而不是成天繃著臉，將心中怨氣毫無道理地扔給其他人，或是老覺得別人對不起自己。

溝通，對雙方而言是絕對必要的，有話坐下來好好地講，這樣家人才能知道你的想法，也幫你自己整理思緒、穩定情緒。切忌什麼事都埋在心底，卻暗自期望別人了解，而當別人不明白時，又萌生失望而傷感，而將怨氣由其他方面宣洩出來，弄得別人一頭霧水，自己則一肚子氣。這種「悶葫蘆」型人是給自己找氣，也讓別人受氣。

家，應該是最舒服、安全、穩定、快樂的地方，但是，這種和諧的境界絕不可能憑空就有，而是需要全家人一起努力共同經營才會形成的。

無論是為人夫還是人妻，都有義務讓對方多一點快樂，少一點煩惱，輕鬆的家庭關係需要你們共同打造。我們永遠也不應該忘記，每個人都有他害羞與孤獨的天性，我們應該尊重，沒有權利去破壞。如果我們連家人都無法容忍，不能保持一種平和的心態，那麼，我們與他人生活在一起時，也一定會發生摩擦。幸福家庭的祕密深藏每個家庭成員的心中。

懂情商，教養孩子非難題

慢情緒關鍵字

孩子該疼但不能寵，保有自己的原則底線，是修正孩子品性的重要關鍵。

「現在的孩子越來越難管了！稍不如意，牛脾氣就上來了。罵也不聽、打也不靈，哄他吧，他還更來勁！」一些年輕的父母抱怨著。那麼，對於孩子的「牛脾氣」，高EQ的家長應該怎樣處理呢？

一天晚上，一家人正在看電視，威爾教授的兒子安迪突然想要吃霜淇淋。夜已深，商店都關門了，爸爸媽媽試圖對他解釋，勸說他明天再吃。然而，安迪的脾氣卻上來了，他倒在地上大聲叫喊，用頭撞地，用手到處亂抓，用腳踹所有東西……

威爾夫婦被氣得不知道該說什麼，他們努力克制自己的火氣，一時間沒有任何語言和動作。安迪叫喊了半天，他發現居然沒有人理他。於是，他又重新按他剛才的「表演」鬧了一番。這次威爾夫婦坐了下來，靜靜看著兒子，沒有任何語言和動作。

安迪不服氣地又開始第三次「表演」，然而他的爸媽還是沒有任何表示。最後，安迪也覺得自己趴在地上哭叫實在太傻了，他自己爬了起來，回房間睡覺。

從此，安迪再也不會亂發脾氣了，因為亂發脾氣並不能達到目的，自然也就不會再用亂發脾氣這個招式了。

威爾教授說，每個人都是一個獨立的個體，都有一定的脾性，但是有些脾性是不好的。不良的脾性養成後會對他人造成不良的影響，比如孩子的「牛脾氣」就是父母溺愛的結果。當你的孩子「牛脾氣」上來時，千萬不要制止或勸解。如果那樣做的話，孩子會更進一步撒嬌，長此以往脾氣會更倔強。此時父母需要做的只是冷觀，就像安迪的父母那樣，孩子就會在一種嚴肅的氛圍中意識到自己的錯誤，漸漸收斂起自己的「牛脾氣」。

如果家長引導得不好，孩子就會養成亂發脾氣的習慣，變成一個暴躁的孩子；引導得好的話，孩子的脾氣就會成為每一次教育孩子成長的契機。

所以，當孩子遇到情緒不好亂發脾氣的時候，家長首先要做的就是保持冷靜，不能火上加油，更不應該用過激的話和粗暴的行為制止他，而是要等到孩子心裡平靜以後，再去耐心地和孩子談話來慢慢開解他。家長雖然不應該在孩子發脾氣的時候和他講道理，但事後一定要讓孩子明白：發脾氣是沒有用處的。

要是孩子在眾目睽睽下發脾氣，家長絕對不可以順從他。威爾教授認為，兒童雖然年紀小，但他也有自己狡詐的辦法，他們往往掌握了家長愛面子的弱點並有針對性地發起進攻，家長要盡量避免讓孩子知道自己的這個弱點。如果孩子在大庭廣眾之下提出過分的要求，家長可以間接答覆他，告訴他回家以後或是客人走了之後再說。但一定要記住，千萬不能在孩子發脾氣的時候滿足他。

那麼，我們怎樣才能改掉孩子亂發脾氣的習慣，或說對孩子發脾氣採取什麼樣的對策才是可行的呢？

專家的建議是：一是不能向孩子「俯首稱臣」；二是當孩子發脾氣時，適當地採取「橫眉冷對」的方式；三是父母「以身作則」，讓孩子從榜樣的身上學到正確的觀點。相信長久下去，親子關係一定會更理想的。

學會從不快樂中解脫出來

情商關鍵字
做自己生命的主人，就從掌握情商開始。

不快樂是一種不良情緒，是情緒控管不利的表現，所以我們需要從不快樂中解脫出來，為情緒找一個宣洩的出口。

心理學上把焦慮、緊張、憤怒、沮喪、悲傷、痛苦等情緒統稱為負性情緒，有時又稱為負面情緒，人們之所以這樣稱呼這些情緒，是因為此類情緒體驗是不積極的，身體也會因之有不適感，甚至影響工作和生活的順利進行，進而有可能使身心受到傷害。

有位太太請了一個油漆匠到家裡粉刷牆壁。油漆匠一走進門，看到她的丈夫雙目失明，油漆匠頓時流露出憐憫的眼光，他覺得她的丈夫很可憐，看不到陽光、花草和人們。可是男主人很開朗樂觀，所以油漆匠在那裡工作的那幾天，他們聊天談得很投機，油漆匠也從未提起男主人的缺憾，相反，他一直在觀察男主人這麼開心的原因。

工作完畢，油漆匠取出帳單，那位太太發現比原先談妥的價錢要少很多。她問油漆匠：「怎麼少算這麼多呢？」油漆匠回答說：「我跟你先生在一起覺得很快樂，他的開朗、他的樂觀，使我覺得自己的境況還不算最壞。所以減去的那一部分，算是我的一點謝意，因為他使我不會把工作看得太辛苦！」

這個小故事告訴我們，正面的情緒往往能帶來超乎想像的價值。

我們無法選擇將要發生的事情，情緒的到來也沒有任何信號。尤其是負面情緒，我們無法阻止負面情緒的產生，但可以掌握自己的態度，調節情緒來適應一切環境，面對生活中的負面情緒別著急，「慢一點，比較好」。

儘管這樣做是控制情緒的最佳方式，但在實際生活中，始終以積極、樂觀的心態去面對不順心的外部刺激，是非常難做到的。

所以，人們在控制情緒時常常綜合應用忍耐和自控的方法，而且，為了顧忌全域，暫時忍耐的方法用得更多。然而，每個人的忍耐力都是有極限的，當情緒上的煩躁、內心的痛苦累積到一定程度，最終會非理性地爆發出來。所以，在實際生活中，不能一味地操之在我，還要懂得適當地宣洩，為自己的壞情緒找一個「出口」，將內心的痛苦有意識地釋放出來，而非不可控地爆發。

情緒應該宣洩，但宣洩應該合理。當有怒氣的時候，不要把怒氣壓在心裡，生悶氣；不要把怒氣發洩在別人身上，遷怒於人，找替罪羊；不要把怒氣發洩在自己身上，如自我傷害或貶低咒罵自己，甚至選擇傷害自己的方法當作自我懲罰；不要任意地大叫、大鬧、摔東西，過於強烈的怒氣發洩方式有時反而會讓人更加不愉快。

你應該做的，是調節自己的心境。有人說過：「既然你無法控制天氣，那麼為天氣而煩惱豈不是庸人自擾？」

有一個美國旅行者問一位坐在牆邊的老人：「明天天氣怎麼樣？」

老人看也沒看天空就回答說：「是我喜歡的天氣。」

旅行者又問：「會出太陽嗎？」

「我不知道。」老人回答道。

「那麼，會下雨嗎？」

「我不想知道。」

旅行者完全被搞糊塗了。「好吧，如果是你喜歡的那種天氣的話，那會是什麼天氣呢？」

老人看著旅行者，說：「很久以前我就知道我沒法控制天氣，所以不管天氣怎樣，我都會喜歡。」

誰都會有煩惱的事情，但是如果總是為一些無端的事情或自己無法操控的事情而煩惱，就是一種病態心理。如果總是為不期而至的意外煩惱不已或悲觀失望，結果讓自己的生活變得更糟糕，這樣做不是很愚蠢嗎？我們既然不能改變既成事實，為什麼不改變面對事實、尤其是壞事的態度呢？

其實，消除不快樂最有效的辦法是正視現實，摒棄那些引起你憂慮不安的因素。下面為大家提供一些消除不快樂的方法。

◆更加有效率地利用時間

人們有時變得煩躁不安，是由於碰到了自己所無法控制的局面。此時，你應該設法創造條件，使現實向著對你有利的方面轉化。例如，當你在商店、公共汽車站或某地排長隊等待時，切不要為之煩惱。此時你可以把思想轉向別的什麼事上，諸如回憶一段令人愉快的往事，思考一下工作中所遇到的事情，也可以做幾次深呼吸。

◆做事情切莫一拖再拖

當面臨一項既艱巨又必須完成的任務時，很多人能拖一天就拖一天。可是，這只能增加你的不安情緒，倒不如選擇及時、圓滿地去完成它。因為今天對你棘手的任務明天同樣棘手，因此，你應立刻行動、切莫等待。

◆做事情不要急於求成

在懷有遠大抱負和理想的同時，要注意樹立短期目標，一步一步地實現你的理想，而不要急於求成，否則只會出現揠苗助長的結果。

◆使自己靜下心來

感到煩悶無聊時，最重要的是先靜下心來，再找其根源。什麼都不做是消除煩惱的簡單徹底而令人難以置信的良方，靜觀掠過的思緒，默數呼吸次數，加以反省。

◆合理宣洩心中的煩惱

當我們碰到情緒困擾時，最好找個親密的朋友、親戚、可依賴的同事，將自己的心事傾吐出來，告訴他們，你需要他們的勸告和指導。就算他們不能給你什麼具體的幫助，但只要他們能耐心地坐下來，靜靜地傾聽，你傾吐完也會感到豁然開朗的。

◆採用其他的放鬆運動

放鬆運動並不一定只是體育方面，或類似的一些簡單機械的活動，它還應包括所有能使你完全擺脫日常無味的工作、家庭瑣事的活動。如彈奏樂器、繪畫、養花種草以及唱歌、攝影等，培養自己的興趣，才能找到一種寄託，從而忘記煩惱。

測驗

你是高EQ的精英嗎？

可口可樂公司、麥當勞公司等世界五百強眾多企業，曾以此為員工EQ測試的範本，幫助員工了解自己的EQ狀況。測試共三十三題，測試時間二十五分鐘，最大EQ為一百七十四分。如果你已經準備就緒，請開始計時。

第一至九題：請從下面的問題中，選擇一個和自己最切合的答案。

1. 我有能力克服各種困難？

□A.是的　□B.不一定　□C.不是的

2. 如果我能到一個新的環境，我要把生活安排得——

□A.和從前相仿　□B.不一定　□C.和從前不一樣

3. 一生中，我覺得自己能達到我所預想的目標：

□A.是的　□B.不一定　□C.不是的

4. 不知為什麼，有些人總是回避或冷淡我：

□A.不是的　□B.不一定　□C.是的

5. 在大街上，我常常避開我不願打招呼的人：

□A.從未如此　□B.偶爾如此　□C.有時如此

6. 當我集中精力工作時，假使有人在旁邊高談闊論：

□A.我仍能專心工作　□B.介於A和C之間　□C.我不能專心且感到憤怒

7. 我不論到什麼地方，都能清楚地辨別方向：

□A.是的　□B.不一定　□C.不是的

8. 我熱愛所學的專業和所從事的工作：

□A.是的　□B.不一定　□C.不是的

9. 氣候的變化不會影響我的情緒：

□A.是的　□B.介於A和C之間　□C.不是

第十至十六題：請如實選答下列問題，將答案填入右邊橫線處。

10. 我從不因流言蜚語而生氣：

□ A.是的 □ B.介於A和C之間 □ C.不是的

11. 我善於控制自己的面部表情：

□ A.是的 □ B.不太確定 □ C.不是的

12. 在就寢時，我常常：

□ A.極易入睡 □ B.介於A和C之間 □ C.不易入睡

13. 有人侵擾我時，我會：

□ A.不露聲色 □ B.介於A和C之間 □ C.大聲抗議，以泄己憤

14. 在和人爭辯或工作出現失誤後，我常常感到精疲力竭，而不能繼續安心工作：

□ A.不是的 □ B.介於A和C之間 □ C.是的

15. 我常常被一些無謂的小事困擾：

□ A.不是的 □ B.介於A和C之間 □ C.是的

16.我寧願住在僻靜的郊區，也不願住在嘈雜的市區：

□A.不是的　□B.不太確定　□C.是的

第十七至二十五題：在下面問題中，每一題請選擇一個和自己最切合的答案。

17.我被朋友、同事起過綽號、挖苦過：

□A.從來沒有　□B.偶爾有過　□C.這是常有的事

18.有一種食物使我吃後嘔吐：

□A.沒有　□B.記不清　□C.有

19.除去看見的世界外，我的心中沒有另外的世界：

□A.沒有　□B.記不清　□C.有

20.我會想到若干年後有什麼使自己極為不安的事：

□A.從來沒有想過　□B.偶爾想到過　□C.經常想到

21.我常常覺得自己的家庭對自己不好，但是我又確切地知道他們的確對我好：

□A.否　□B.說不清楚　□C.是

22.每天我一回家就立刻把門關上：

□A.否 □B.不清楚 □C.是

23.我坐在小房間裡把門關上，但我仍覺得心裡不安：

□A.否 □B.偶爾是 □C.是

24.當一件事需要我作決定時，我常覺得很難：

□A.否 □B.偶爾是 □C.是

25.我常常用拋硬幣、翻紙、抽籤之類的遊戲來預測凶吉：

□A.否 □B.偶爾是 □C.是

第二十六至二十九題：下面各題，請按實際情況如實回答，僅須回答「是」或「否」即可，在你選擇的答案下打「√」。

26.為了工作我早出晚歸，早晨起床我常常感到疲憊不堪。□是 □否

27.在某種心境下，我會因為困惑陷入空想，將工作擱置下來。□是 □否

28.我的神經脆弱，稍有刺激就會使我戰慄。□是　□否

29.睡夢中，我常常被噩夢驚醒。□是　□否

第三十至三十三題：本組測試共四題，每題有五種答案，請選擇與自己最切合的答案，在你選擇的答案下打「√」。

	A.從不	B.幾乎不	C.一半時間	D.大多數時間	E.總是
30.工作中我願意挑戰艱巨的任務。	□	□	□	□	□
31.我常發現別人好的意願。	□	□	□	□	□
32.能聽取不同的意見，包括對自己的批評。	□	□	□	□	□
33.我時常勉勵自己，對未來充滿希望。	□	□	□	□	□

計分方法：

計分時請按照記分標準，先算出各部分得分，最後將幾部分得分相加，得到的分數即為你的最終得分。

第一至九題，每回答一個A得六分，回答一個B得三分，回答一個C得零分。

計（　）分

第十至十六題，每回答一個A得五分，回答一個B得二分，回答一個C得零分。

計（　）分

第十七至二十五題，每回答一個A得五分，回答一個B得二分，回答一個C得零分。

計（　）分。

第二十六至二十九題，每回答一個「是」得零分，回答一個「否」得五分。

計（　）分。

第三十至三十三題，從A至E分數分別為一分、二分、三分、四分、五分。

計（　）分。

總計為（　　）分。

測試結果：

如果你的得分在**九十分以下**，說明你的EQ較低，你常常不能控制自己，你極易被自己的情緒所影響。很多時候，你容易被激怒、動火、發脾氣，這是非常危險的信號——你的事業可能會毀於你的急躁，對於此，最好的解決辦法是先放慢情緒反應的速度，給予解釋的機會，保持頭腦冷靜，使自己心情開朗，正如富蘭克林所說：「任何人生氣都是有理的，但很少有令人信服的理由。」

如果你的得分在**九十至一百二十九分**，說明你的EQ一般，對於一件事，你不同時候的表現可能不一，這與你的意識有關，你比前者更具有EQ意識，但這種意識不是常常都有，因此需要你多加注意、時時提醒。

如果你的得分在**一百三十至一百四十九分**，說明你的EQ較高，你是一個快樂的人，不易恐懼擔憂，對於工作你熱情投入、敢於負責，你為人更是正義正直、同情關懷，這是你的優點，應該努力保持。

如果你的EQ在**一百五十分以上**，那你就是個EQ高手，你的情緒智慧不但不會是你事業的阻礙，更是你事業有成的一個重要前提條件。

國家圖書館出版品預行編目資料

慢情緒心理學 : 拒絕生氣、調整心態、放慢情緒、找回接受的勇氣！/ 楊秉慧編著．——二版——新北市：晶冠出版有限公司，2021.12
面；公分．——（智慧菁典系列；25）

ISBN 978-986-06586-8-2（平裝）

1. 情緒管理　2. 生活指導

176.52　　　110016798

智慧菁典 25

慢情緒心理學

拒絕生氣、調整心態、放慢情緒、找回接受的勇氣！

作　　者　楊秉慧
副總編輯　林美玲
特約編輯　柯延婷
封面設計　王心怡
出版發行　晶冠出版有限公司
電　　話　02-7731-5558
傳　　真　02-2245-1479
E-mail　ace.reading@gmail.com
facebook　https://www.facebook.com/ace.reading
總 代 理　旭昇圖書有限公司
電　　話　02-2245-1480（代表號）
傳　　真　02-2245-1479
郵政劃撥　12935041 旭昇圖書有限公司
地　　址　新北市中和區中山路二段352號2樓
E-mail　s1686688@ms31.hinet.net
旭昇悅讀網　http://ubooks.tw/
印　　製　福霖印刷有限公司
定　　價　新台幣320元
出版日期　2017年01月 初版一刷
　　　　　2021年12月 二版一刷
ISBN-13　978-986-06586-8-2